Gerald Braunberger, Benedikt Fehr Hg.

CRASH

GERALD BRAUNBERGER
BENEDIKT FEHR HG.

CRASH

FINANZKRISEN GESTERN UND HEUTE

Frankfurter Allgemeine Buch

Bibliografische Information der Deutschen Nationalbibliothek
Die Deutsche Nationalbibliothek verzeichnet diese Publikation in der Deutschen Nationalbibliografie; detaillierte bibliografische Daten sind im Internet über http://dnb.d-nb.de abrufbar.

Gerald Braunberger, Benedikt Fehr Hg.

Crash

Finanzkrisen gestern und heute

F.A.Z.-Institut für Management-,
Markt- und Medieninformationen GmbH
Frankfurt am Main 2008

ISBN 978-3-89981-177-3

Ein Teil der Beiträge ist bereits im Finanzteil der Frankfurter Allgemeinen Zeitung erschienen.

Abbildungen mit freundlicher Genehmigung der F.A.Z.-Grafik/Infografik.

Frankfurter Allgemeine Buch

Bildauswahl/Satz
Umschlag F.A.Z., Verlagsgrafik
Titelbild Jörg Mühle/Labor
Satz Innen Imke Hunstein
Druck/Bindung CPI Moravia Books, Pohorelice

Printed in EU

INHALT

In den dreißiger Jahren des 17. Jahrhunderts geriet halb Holland außer Rand und Band. Ein Land, dessen Bevölkerung zahlreiche innovative und vernünftige Geschäftsleute zählte, war dem Tulpenwahn verfallen. Adlige und Fischer, Bauern und Händler hatten begonnen, wie verrückt mit Tulpenzwiebeln zu spekulieren. Die damals in Mitteleuropa kaum bekannte Blume galt wegen ihrer Farbenfreude und ihrer Seltenheit als Statussymbol; und als die Preise einmal zu steigen begonnen hatten, setzte eine wilde Spekulationswelle ein, in deren Verlauf neue Finanzprodukte kreiert wurden. Da die Zwiebeln rar waren, wurden sie nicht mehr selbst gehandelt. Stattdessen handelten die Niederländer mit Anrechten auf den Bezug von Tulpen. Termingeschäfte, also Verträge über den Kauf von Tulpen irgendwann in der Zukunft, breiteten sich aus. Auf dem Höhepunkt des Tulpenwahns wurden für eine Zwiebel umgerechnet 87.000 Euro gezahlt.

Die Geschichte endete, wie zu erwarten war: Als sich auf dem hohen Preisniveau keine Käufer mehr fanden, brach die Spekulation zusammen. Die Preise fielen schneller, als sie gestiegen waren, worauf nicht wenige Geschäftsleute und Privatpersonen Konkurs anmelden mussten. Und doch: Im Nachhinein betrachtet, hat die „Tulipmania“ genannte Spekulation den Niederlanden gesamtwirtschaftlich wohl nicht ernsthaft geschadet, weil der bedeutende Seehandel den Wohlstand des Landes sicherte.

Die „Tulipmania" war eine der ersten großen Finanzkrisen der Geschichte, deren Muster sich bis in die Neuzeit wiederholt. Finanzkrisen sind die Folge von Spekulationswellen, die auf zwei Ursachen gründen: dem Zugang zu billigem Geld in Verbindung mit einer erfolgversprechenden Investmentidee. Die der Euphorie folgende Krise vernichtet zwar Unternehmens- wie Privatvermögen und kann vorübergehend das Wirtschaftswachstum belasten, sie muss aber nicht auf lange Sicht die Wirtschaft ruinieren.

Dieser Befund gilt für das Papiergeld-Experiment des Schotten John Law im Frankreich des Jahres 1720 ebenso wie für die Gründerkrise im Deutschen Reich nach 1871 oder den Börsenkrach des Jahres 1987. Als Ausnahme sticht die Weltwirtschaftskrise im Anschluss an den Börsenkrach von 1929 hervor, die allerdings im Wesentlichen das Ergebnis einer falschen Wirtschaftspolitik war. Der Kapitalismus mag zu Krisen neigen; aber umbringen können diese Krisen den Kapitalismus nicht.

Im Lichte der historischen Erfahrungen lässt sich auch die im Sommer 2007 ausgebrochene Krise an den Finanzmärkten einordnen. An ihrem Beginn stand ein erhebliches Wachstum der Finanzmärkte, das durch billiges Geld, ein kräftiges globales Wirtschaftswachstum sowie Fortschritte in der Informationstechnologie – die ihrerseits die Entwicklung und den Handel neuer Finanzprodukte anregten – begünstigt wurde. Banken und Hedge-Fonds konnten ihre Gewinne erheblich steigern, wovon die Aktienkurse von Finanzunternehmen und die Gehälter der Vorstände profitierten. Im Verlauf der Euphorie kam der für die Finanzbranche typische Herdentrieb hinzu: Erfolgreiche Geschäftsmodelle großer Häuser werden von kleineren Häusern kopiert.

Die Krise begann in einem mit dem Anglizismus „Subprime“ bezeichneten Teil des amerikanischen Hypothekenmarkts, auf dem Banken Kredite an Schuldner mit niedrigem Einkommen vergeben hatten. Als die Zinsen stiegen und viele dieser Kredite notleidend wurden, weitete sich die Krise in das internationale Finanzsystem aus. Denn die in Amerika vergebenen Kredite waren längst in handelbare Wertpapiere verwandelt und an Investoren im In- und Ausland verkauft worden – unter anderem an Gesellschaften, die der IKB Deutsche Kreditbank und der Landesbank Sachsen LB verbunden waren. So kam die Krise früh nach Deutschland.

Sie war reich an dramatischen Momenten. Hierzu gehören die Rettung der IKB und der amerikanischen Investmentbank Bear Stearns in hektischen Nacht- und Nebelaktionen ebenso wie die Schlangen verängstigter Kunden vor den Filialen der einsturzgefährdeten britischen Hypothekenbank Northern Rock sowie die Versuche der Notenbanken, das internationale Finanzsystem durch die Bereitstellung riesiger Milliardenbeträge zu stabilisieren. Das Vertrauen der Banken untereinander wurde schwer erschüttert.

Wie in jeder Krise gab es Warner. So hat der amerikanische Star-Investor Warren Buffett schon im März 2003 gewarnt, dass die damals neuen Derivate zur Übertragung von Kreditrisiken „finanzielle Massenvernichtungswaffen“ seien – was sich ein paar Jahre später bewahrheiten sollte. Auch die in Basel ansässige Bank für Internationalen Zahlungsausgleich (BIZ), eine Art Bank der Notenbanken, hat oft darauf hingewiesen, dass die Risiken der neuen Instrumente von vielen Anlegern falsch eingeschätzt und zu niedrig bewertet würden. Gehört wurden die Mahner nicht. Denn auch auf die von ihren Gewinnsteigerungen berauschte Finanzbranche trifft eine Erkenntnis Walter Bagehots, des führenden britischen Wirtschaftsjournalisten des 19. Jahrhunderts, zu: „Die Menschen sind umso leichtgläubiger, je glücklicher sie sind.“ Banker und Fondsmanager mögen es nicht, wenn man ihre Handlungen als von Euphorie oder Gier beeinflusst darstellt. Aber nichts anderes ist geschehen. Heute ist die Ernüchterung groß, und es sieht so aus, als müsse sich das Finanzgewerbe auf niedrigere Gewinne einstellen. Das belastet Aktienkurse und Vorstandsgehälter, aber darüber kollabiert eine Wirtschaft nicht. Auch ein weiterer Verfall der Aktienkurse würde daran nichts ändern.

Zeitgleich mit der Finanzmarktkrise verteuerten sich die Preise vieler Rohstoffe und Energieträger, darunter von Gold und Öl. Die wichtigste Ursache der Hausse an den Rohstoffmärkten bilden allerdings nicht Spekulationen von Finanzinvestoren, sondern eine durch ein kräftiges Wirtschaftswachstum befeuerte Nachfrage wichtiger Schwellenländer wie China, Russland und Indien. Die steigenden Inflationsraten stellen eine weitere, allerdings wohl nur vorübergehende Bedrohung des Wirtschaftswachstums dar.

Die Weltwirtschaft war damit im Sommer 2008 durch extreme Spannungsverhältnisse gekennzeichnet: Zum einen, ausgehend von der Baisse am amerikanischen Immobilienmarkt, der Schwäche vieler Großbanken und dem hohen Ölpreis, rezessiven und möglicherweise deflationären Tendenzen in einer ganzen Reihe von Industrieländern, zum anderen einem Wiederaufleben der Inflation rund um den Globus. Gleichzeitig bauten sich die globalen Ungleichgewichte immer weiter auf: So hat China aufgrund enormer Exportüberschüsse und Kapitalzuflüsse seine Währungsreserven im Frühjahr 2008 jeden Monat um durchschnittlich 70 Milliarden Dollar aufgestockt – und dieses Geld an den internationalen Kapitalmärkten angelegt. Den erdölexportierenden Nationen wiederum flossen auf dem Höhepunkt der Öl-Hausse rund 8 Milliarden Dollar zu – täglich. Wird diese riesige Umverteilung von Einkommen die Weltwirtschaft destabilisieren? Oder stabilisieren?

Dieses Buch besteht aus zwei Teilen. Der erste Teil stellt 16 Krisen der Vergangenheit vor; beginnend mit dem ersten großen Staatsbankrott der Geschichte und endend mit dem Zusammenbruch der Euphorie um die „New Economy" zu Beginn dieses Jahrzehnts. Der zweite Teil behandelt die

Ursachen und den Verlauf der aktuellen, häufig mit der Bezeichnung „Subprime" verbundenen Finanzmarktkrise. Das Buch wurde geschrieben von Wirtschaftsredakteuren der Frankfurter Allgemeinen Zeitung.

Frankfurt, im August 2008

Gerald Braunberger　　　　Dr. Benedikt Fehr

TEIL I

HISTORISCHE FINANZKRISEN

Der erste Staatsbankrott

Gerald Braunberger

Die Habsburger waren in der ersten Hälfte des 16. Jahrhunderts das mächtigste Herrscherhaus der Erde. Sie kontrollierten nicht nur ihr Stammland Österreich, sondern trugen die Kaiserwürde des Heiligen Römischen Reichs Deutscher Nation, sie besaßen die Königskronen Spaniens, Böhmens, Ungarns und Kroatiens, sie herrschten über das Herzogtum Burgund und damit über Belgien und die Niederlande, und nicht zuletzt gehörten ihnen weite Teile Lateinamerikas. So konnte Kaiser Karl V. (1500 bis 1558) stolz feststellen, dass in seinem Reich die Sonne niemals untergehe.

Allerdings verschlang die Herrschaft über ein so großes Reich viel Geld – nicht nur für die Hofhaltung, sondern vor allem für zahlreiche Kriege. Die Habsburger verstanden es aber, sich das dringend benötigte Geld bei den großen Finanzdynastien jener Zeit zu beschaffen. Dies waren vor allem die reichen Augsburger Häuser mit den Fuggern und den Welsern an der Spitze sowie italienische Banken. Ohne die Unterstützung dieser Geldhäuser wäre Karl, der ursprünglich über Spanien herrschte, im Jahre 1519 niemals deutscher Kaiser geworden. Um seine Wahl zu sichern, flossen 852.000 Gulden Bestechungsgelder an Kurfürsten und andere dienstbare Geister, von denen die Fugger 544.000, die Welser 143.000 und drei Genueser Häuser jeweils 55.000 Gulden mobilisierten.

Für die Banken war es reizvoll, mit den Habsburgern zusammenzuarbeiten, denn vor allem der spanische Markt und das gerade entdeckte Amerika (das man anfangs für Indien hielt) versprachen lohnende Geschäfte. Zudem konnte Karl als deutscher Kaiser den Augsburger Häusern Schutz gegen unliebsame Konkurrenten bieten, die den Oberdeutschen Monopolgelüste vorwarfen. Allerdings warf die enge Bindung an die kredithungrigen Habsburger auch Probleme auf, da die Augsburger Finanziers vom Wohlwollen des Herrscherhauses und seiner Fähigkeit, die Kredite zurückzuzahlen, abhängig wurden. Ein Konkurs der Habsburger konnte unabsehbare Folgen haben.

Lange Zeit funktionierte die Zusammenarbeit zur beiderseitigen Zufriedenheit. Die Habsburger bekamen problemlos ihr Geld, während ihre Finanziers mit hohen Zinsen und Geschäftsmöglichkeiten in Spanien und Übersee befriedigt wurden. Die Welser erhielten sogar die Statthalterschaft über Venezuela, während den Fuggern Chile in Aussicht gestellt wurde. Dennoch begannen sich die beiden Augsburger Häuser, die mit Anton Fugger und Bartholomäus Welser zwei hervorragende „Regierer" (wie es damals hieß) besaßen, aus den Kreditgeschäften mit den Habsburgern allmählich zurückzuziehen, worauf sich die Herrscherfamilie verstärkt bei italienischen Banken mit neuen Mitteln eindeckte.

Gegen Ende der Regierungszeit Karls brach das Geschäftsmodell jedoch zusammen, weil die finanziellen Anforderungen der Habsburger die Kapazitäten ihrer Bankiers überforderten. Mehrere Ursachen trugen zu dieser krisenhaften Entwicklung bei. Zum einen gelang es Karl nicht, Frieden zu schaffen, weil neben den traditionellen Feinden der Habsburger wie den Franzosen neue Spannungsherde entstanden: Die Türken drängten nach Mitteleuropa, und in Deutschland entstanden in Folge der protestantischen Reformationen Glaubenskonflikte, die auch militärisch ausgetragen wurden. Dem Reich der Habsburger drohte, wie der Fugger-Biograph Götz Freiherr von Pölnitz schrieb, die finanzielle Überforderung: „Der kritische Zeitraum begann um 1545, sollte sich aber im nächsten Jahrzehnt unablässig in seiner Bedrohtheit steigern."

Eine Überforderung drohte aber auch den großen Bankhäusern: „Die materielle Leistungsgrenze der zwei Augsburger Großbanken, neben denen die anderen Repräsentanten derselben Schicht keine ähnliche Bedeutung für sich in Anspruch nehmen können, ward erreicht ... Die Entschuldigungen eines Bartholomäus Welser oder eines Anton Fugger waren keine taktischen Redensarten, kein Versuch, die Pfänder, den Zinssatz, die Zahlungsbedingungen oder sonstige geschäftliche Details listig zu verbessern, um die Gewinnspanne emporzutreiben. Vielmehr hatte sich bei beiden Großbankiers eine echte Sorge um die Solidität und Standfestigkeit ihrer Gesellschaften angemeldet."

Doch ein geldhungriger Staat gibt so schnell nicht auf. Während sich Karl demoralisiert immer weiter von der

Regierung entfernte, nutzten seine Berater eine Schwäche der damaligen Finanzhäuser. Da die Kommunikationsmöglichkeiten im frühen 16. Jahrhundert beschränkt waren, mussten die Konzernchefs in ihren Augsburger Zentralen den Leitern ihrer Filialen beträchtliche Handlungsfreiheiten zugestehen, die diese nicht immer im Sinne ihrer Arbeitgeber nutzten, sondern es vorzogen, still und leise auf eigene Rechnung zu arbeiten.

Diese Schwäche verstand niemand besser als der spanische Finanzrat Francisco Erasso, den von Pölnitz etwas übertrieben als den „Totengräber der Augsburger Hochfinanz" bezeichnet hat. Erasso setzte nicht nur die Augsburger Bankzentralen mit der Drohung von Enteignungen in Spanien unter Druck; er bestach auch mächtige Filialleiter, die ihm daraufhin neue Mittel zur Verfügung stellten. Den absehbaren Niedergang seines Hauses vor Augen, zog sich Bartholomäus Welser zu Beginn der 1550er Jahre aus der Geschäftsführung seiner Firma auf sein Landgut zurück, während der ebenfalls alternde Anton Fugger seinen Nachfolgern empfahl, nach seinem Ableben das Unternehmen zu liquidieren.

Da sich die deutschen Banken allmählich zurückhielten, zeigten sich ihre Konkurrenten in Italien willig, das immer morschere Kreditgebäude der Habsburger mit neuen Mitteln vorübergehend zu stützen. Insgesamt nahm Karl V. während seiner Regierungszeit 28,9 Millionen Dukaten auf, von denen italienische Banken (meist aus Genua) 11,6

 Millionen bereitstellten. Die deutschen Banken, und hier vor allem die Fugger und die Welser, steuerten 10,3 Millionen bei, spanische Finanzhäuser 4,5 Millionen und niederländische Banken 2,4 Millionen Dukaten.

Nachdem Karl V. im Jahre 1556 die Herrschaft über Spanien an seinen Sohn Philipp II. weitergereicht hatte, ging alles ganz schnell. Die Habsburger hatten ihren Kreditgebern im Laufe der Zeit immer höhere Zinsen gewähren müssen, die den spanischen Staatshaushalt völlig überforderten. Ein spanischer Historiker hat die Kredite denn auch als „Aderlass“ für das spanische Volk bezeichnet, der „geeignet war, es ohne weiteres verbluten zu lassen“. Philipp II. entschied sich im Jahre 1557 für ein radikales Mittel, das einem Staatsbankrott – dem ersten großen in der Weltgeschichte – ähnelte: Er erklärte alle Forderungen seiner Bankiers für unwirksam und gewährte ihnen stattdessen festverzinsliche Staatswertpapiere, die sogenannten *juros*, deren Wert angesichts des hoffnungslosen Zustands der spanischen Staatsfinanzen rasch einbrach. Ihre Besitzer erlitten erhebliche Vermögensverluste. Verheerend für die Finanzhäuser kam hinzu, dass im selben Jahr 1557 auch der alte Habsburger-Feind Frankreich eine schwere Finanzkrise durchlitt.

Die Folgen waren weitreichend. Viele kleine Banken brachen zusammen. Große Häuser wie die Fugger und die Welser überlebten zwar, waren aber geschwächt und fanden nie wieder zu alter Größe zurück. Die Welser-Firma hielt sich unter Mühen noch ein paar Jahrzehnte und ging im Jahre 1614 in Konkurs. Den Fuggern erging es etwas besser, aber auch ihre Zeit war vorüber.

Die Geschichte der Habsburger und ihrer Finanziers verdeutlicht die Weisheit eines alten Spruchs, den heute jeder Banklehrling kennt: „Gehen kleine Kredite kaputt, haben die Kreditnehmer ein Problem. Gehen große Kredite kaputt, hat die Bank ein Problem."

Eine Tulpe für 87.000 Euro

Winand von Petersdorff-Campen

Die teuerste Mahlzeit des Jahres 1637 dürfte ein holländischer Seemann verspeist haben. Er war zum Fisch eingeladen und wertete die Tulpenzwiebel als Beilage. Deren Verschwinden im Verdauungstrakt des Seemanns belastete die Gastfreundschaft jedoch aufs Schwerste. Denn jene Tulpenzwiebel war, so wird geschätzt, nach heutigem Maßstab 25.000 Euro wert. Der Gastgeber hatte die Knolle vermutlich auf den Esstisch gelegt, um dem Gast den Reichtum des Hauses zu verdeutlichen. Welche Tragik.

Jedes anständige Finanzwirtschaft-Seminar zum Thema Krisen, Blasen und Fensterstürze findet seinen ersten Höhepunkt in der Behandlung jener Tulipmania, die in den dreißiger Jahren des 17. Jahrhunderts große Teile der niederländischen Bevölkerung in Tulpenzwiebel-Zocker verwandelte: Adlige, Bauern, Fischer, Seeleute, Lakaien, Schornsteinfeger und Flickschneider stiegen ohne jegliches Interesse am Gartenbau in das Geschäft mit den genügsamen Frühlingsgewächsen ein. Zum Höhepunkt der Fieberkurve wurden rare Tulpenzwiebeln gegen Grachtenhäuser in Amsterdams bester Lage getauscht.

Angefangen hatte die Geschichte der holländischen Tulpen und ihrer unglaublichen Karriere zum Spekulationsobjekt mit einem Diplomaten. In den Niederlanden des 16. Jahrhunderts kannte höchstens eine Handvoll herumgekommener Abenteurer Tulpen aus Armenien oder der Türkei. Der Gesandte des Herrscherhauses Habsburg organisierte in Konstantinopel einen Sack Tulpenzwiebeln und schenkte ein paar davon einem der bedeutendsten Botaniker seiner Zeit, Charles de l'Écluse. Dieser brave Mann war so lange Hofbotaniker der Habsburger in Wien, bis der bornierte katholische König Maximilian II. alle protestantischen Angestellten feuerte. L'Écluse verschlug es über Frankfurt ins holländische Leiden an die Universität. Dort baute er unter anderem Tulpen an, die er aber nicht verkaufen wollte. Sie dienten auch nicht der Dekoration, sondern wurden als Heilpflanzen gezogen.

Für die erste Verbreitung in Holland selbst sollen Diebe eine wichtige Rolle gespielt haben, besagt zumindest die Legende. Die Blume muss also schon Begierde geweckt haben. Wie immer treibt die Kombination aus Knappheit und Begehrtheit die Preise. Die Tulpenzwiebel fiel in den Niederlanden auf fruchtbaren Boden. Das Land stand zu Beginn des 17. Jahrhunderts an der Schwelle eines goldenen Zeitalters. Kaufleute aus Amsterdam und Haarlem beherrschten vor allem den hochlukrativen Ostindienhandel und die Seeräuberei. Die vermögenden Familien drückten ihren Reichtum aus, indem sie große Anwesen mit riesigen Gärten erwarben. In gewisser Weise kopierten sie Fürsten, deren Herrschaftssitze und Gartenlandschaften. Ein anderes Rollenmodell gab es für die neureiche Klasse nicht. So entstanden Prachtgärten vor allem nach italienischem Vorbild.

Begünstigt wurde die Preisblase für Tulpenzwiebeln vermutlich auch durch inflationäre Geldpolitik. Silber und Gold aus aller Welt flossen nach Holland, weil es nur dort in einem festen Verhältnis umgemünzt wurde in Devisen. Es gab keine Schummeleien, die in anderen Fürstentümern üblich waren. Die Geldmenge wuchs. Der Boden war bereitet. Auf diesem Grund hätte jede Blume eine spektakuläre Karriere hinlegen können, es war aber die Tulpe. Die Begründung liefert der britische Journalist Mike Dash in seinem Buch „Tulipmania“: „Unmöglich kann man Tulipmania begreifen, wenn man nicht versteht, wie stark sich Tulpen damals von jeder anderen Blume unterschieden, die die Gartenbauer des 17. Jahrhunderts kannten.“ Vor allem die Farben waren intensiver und konzentrierter als die gewöhnlicher Pflanzen.

Das illustriert die Begierde, die die Pflanzen auszulösen vermochten. Sie avancierten schnell zum Statussymbol. Damen der Oberschicht trugen die Tulpe zu gesellschaftlichen Anlässen als Schmuck im Haar oder am Busen. Trotzdem blieb es zunächst beim klassischen Handel. Blumenzwiebeln wurden pfundweise verkauft – von Gärtnern an die betuchte Kundschaft. Eine ziemlich ärgerliche Eigenschaft der Tulpen hielt allerdings das Angebot knapp. Nur zwei bis drei Zwiebeln entsprossen jährlich der Mutterzwiebel, die selbst nach wenigen Jahren einging. Es dauerte wiederum Jahre, aus Zwiebeln Blumen zu ziehen. So wuchs das Angebot langsamer als die Nachfrage.

Und noch etwas geschah. Ein Mosaikvirus grassierte in holländischen Gärten und griff auf die Blumen über. Er bewirkte, dass die Tulpen herrlich marmorierte Blütenblätter mit gefransten und gewellten Rändern entwickelten. Waren gewöhnliche Tulpen schon knapp, so waren die infizierten Pflanzen eine echte Rarität. An der Spitze der damals sorgfältig geführten Preistafeln stand die infizierte „Semper Augustus". Eine wahrhaftige Blumenschönheit, die offenbar die Dämme des gesunden Menschenverstandes endgültig brechen ließ. „An ihren makellos weißen Blütenblättern verlaufen rubinrote, flammende Äderchen, und das Hellblau ihres Kelchgrunds erscheint wie die Spiegelung eines heiteren Frühlingshimmels", schreibt die Kulturwissenschaftlerin Susanne Heliosch.

Die Begehrlichkeit rief Zwischenhändler auf den Plan, die sich mit Blumenzwiebeln eindeckten, um sie teurer weiterzuverkaufen. Die nächste Stufe war, dass nicht die Blumen selbst gehandelt wurden, sondern die Rechte daran. Die Tulpenzwiebeln blieben in der Erde, die Rechte an ihnen und ihren Abkömmlingen wurden der Gegenstand des Handels. Das war pure Spekulation, konnten die Käufer doch nicht sicher sein, was sie da erworben hatten. Solche Optionen wanderten von Hand zu Hand, manchmal bis zu zehnmal am Tag.

Man konnte Geld verdienen, ohne je eine Tulpe in die Hand zu bekommen. Damit Käufer solcher Optionen sich ein Bild machen konnten, beauftragten die Verkäufer

Maler, die die Tulpen in schönsten Farben darstellten. En passant stimulierte die Spekulation die holländische Malerei, die im 17. Jahrhundert eine große Blüte erlebte.

Für Normalbürger aber war die Aussicht auf schnellen Reichtum entscheidend. Kein Wissen, kein Grund und Boden und keine harte Arbeit waren nötig: Das Einzige, was der Zwischenhändler brauchte, war Startkapital. Selbst Dummheit schadete nicht, solange sich ein größerer Dummkopf fand, der das Gewächs teurer abkaufte. Es war wie ein Wunder aus der Sicht der wenig Betuchten. Um ans Startgeld zu kommen, belasteten normale Bürger ihre Häuser, Werkstätten und veräußerten Hof, Hab und Gut. Die Preise für die raren Knollen erklommen haarsträubende Höhen.

Für eine Tulpe der Sorte „Vizekönig“ ist überliefert, dass der Käufer für sie zwei Fuder Weizen, vier Fuder Roggen, vier fette Ochsen, acht fette Schweine, zwölf fette Schafe, zwei Fässchen Wein, vier Tonnen Bier, 1.000 Pfund Käse und obendrauf noch einen Silberpokal, ein Bett und einen Anzug hergab. Für die Semper-Augustus-Zwiebel wurden Quellen zufolge am Höhepunkt der Spekulation einmal 5.500 Gulden bezahlt. Es ist schwer, den Wert dieser Geldsumme auf die heutige Zeit zu übertragen. Misst man den Wert am Goldgehalt, käme man auf einen Wert von 87.000 Euro. Der Maler Rembrandt bekam für seine Nachtwache 1.600 Gulden.

Der Handel mit Zwiebeln und Zwiebel-Termingeschäften lief nicht über die Amsterdamer Börse, die sich damals schon etabliert hatte, sondern in Hunderten Spelunken. Doch schon in den dreißiger Jahren des 17. Jahrhunderts formalisierte sich der Handel. Gruppen taten sich zu sogenannten Kollegien zusammen und veranstalteten Auktionen nach festen Regeln. Die Preise kletterten stetig bis 1637.

Der Einbruch nahm seinen Anfang in Haarlem bei einer gewöhnlichen Auktion. Zum ersten Mal stellte sich kein noch größerer Dummkopf ein. Ein Händler blieb auf seinen Terminkontrakten sitzen. Das sprach sich schnell herum. Binnen kurzer Zeit brach der Markt komplett zusammen. Keiner wollte kaufen, aber alle verkaufen. Die Gewächse waren am Ende noch nicht einmal ein Hundertstel ihres Höchstpreises wert.

Immer wenn es teuer wird, rufen Spekulanten nach dem Staat. Das war auch damals so. Die holländischen Städte mussten das Problem lösen. Sie verboten den Terminhandel, und sie untersagten Blumenzüchtern und -händlern, ihren Streit vor Gericht zu bringen. Es hätte auch wenig gebracht, bei den meisten Händlern war kaum etwas zu holen. Stattdessen wurden überall Schlichtungskommissionen eingesetzt, um das Vertrauen wiederherzustellen. Der Spuk der abenteuerlichen Preise jedenfalls war vorbei.

Wie sehr der Crash der Volkswirtschaft geschadet hat, ist heute nicht ganz leicht zu ermitteln. In Amsterdam hatte sich nach einer überlieferten Statistik die Zahl der Pleiten zwischen 1635 und 1637 verdoppelt. Doch vor allem Hollands Erfolge im globalen Handel milderten die Folgen der Krise. Und trotz ihrer zunächst zerstörerischen Wirkung gehört die Tulipmania zu den konstruktiven Blasen. Zwei Milliarden Tulpen werden heute jährlich in Holland gezogen. Das Land blüht. Und es gibt sogar eine Tulpe namens „Dow Jones".

John Laws Finanzsystem

Gerald Braunberger

Kein Monarch hat in Europa länger regiert als Ludwig XIV. von Frankreich (1638 bis 1715). Der „Sonnenkönig“ machte Frankreich während seiner Regentschaft zur mächtigsten Nation in Europa – allerdings auf Kosten eines gewaltigen Schuldenbergs, zu dem vor allem die zahlreichen Kriege beigetragen hatten. „Ganz Frankreich ist ein Armenhaus“, konstatierte der Schriftsteller François de Salignac de La Mothe-Fénelon.

Der Schuldenberg von 2,8 Milliarden Livres war so gewaltig, dass er einen Staatsbankrott nahelegte. Unter der Herrschaft des Herzogs von Orléans, der den Thron nach Ludwigs Tod für dessen Enkel verwaltete, unternahm die Krone halbherzige Versuche, die Schulden zu reduzieren. Ein Teil der Außenstände wurde einfach nicht zurückgezahlt; andererseits besorgte man sich durch Münzmanipulationen zusätzliche Mittel. Die Situation verlangte jedoch nach einem radikalen Schritt – und diesen versprach dem Herzog von Orléans der Schotte John Law (1671 bis 1729).

Laws Bild in der Geschichte unterlief starken Schwankungen. Lange Zeit galt er als Schwindler und als Bankrotteur; andererseits reihte ihn kein Geringerer als Joseph Schumpeter in seiner Dogmengeschichte unter die „ersten Geldtheoretiker aller Zeiten“ ein. Law wuchs als Sohn eines begüterten Goldschmieds in Edinburgh auf und ging dann nach London, wo er das Geld- und Bankwesen seiner Zeit studierte und nebenher einen Kontrahenten in einem Duell tötete. Dem Todesurteil entging er durch Flucht auf den europäischen Kontinent. Seine 1705 verfassten „Betrachtungen über das Geld und den Handel einschließlich eines Vorschlags zur Geldbeschaffung für die Nation“ begründeten seinen Ruf als Ökonom.

Law war vor allem ein Gegner des damals umlaufenden Edelmetallgeldes in Gestalt von Gold- und Silbermünzen und ein Befürworter des Papiergeldes. Edelmetallgeld sei zu selten und zu unpraktisch, um einen kräftigen Wirtschaftsaufschwung zu finanzieren, lautete sein Befund. Stattdessen entwickelte er das Modell eines durch Grund und Boden gedeckten Papiergeldes. Außerdem erkannte er früh die Bedeutung des Kredits als Voraussetzung für die Geschäftsentfaltung leistungsfähiger Unternehmer – ein Gedanke, den Schumpeter 200 Jahre später neu entdeckte und der sich bis heute mit dem Namen des Österreichers verbindet.

Der Schotte wollte nicht nur als Theoretiker, sondern auch als Praktiker Triumphe feiern. Die Gelegenheit bot ihm – gegen heftige Widerstände der Franzosen – der Herzog von Orléans. Die Anfänge waren bescheiden: Law durfte im Jahre 1716 in Paris zunächst eine normale Bank, die Banque Générale, gründen, die das Recht zur Ausgabe eigener Banknoten besaß.

Law machte sich bei der Krone beliebt, indem er die Aktien seiner Bank nicht nur gegen Geld, sondern auch gegen Staatspapiere an Anleger verkaufte. Damit reduzierte er die Zahl der umlaufenden Staatspapiere. Die Banque Générale war nicht sehr groß, verdiente aber gutes Geld. Im Jahre 1718 wurde sie vom Staat aufgekauft und in Banque Royale umbenannt. Mit der Krone im Rücken konnte Law nun ein großes Rad drehen.

Die Bank war aber nur ein Bestandteil von Laws „Finanzsystem", wie er es nannte. Der zweite Bestandteil war die Compagnie d'Occident, eine Handelsgesellschaft, die zunächst das Recht erhielt, die französischen Besitztümer am Unterlauf des Mississippi zu entwickeln. Die Aussicht, die Region um den heutigen amerikanischen Bundesstaat Louisiana in eine reiche Region zu verwandeln, ließ den Aktienkurs der Compagnie d'Occident rasch steigen. Dass dort nur 500 Franzosen und vermutlich nicht sehr viel mehr Indianer lebten und die dort vermuteten Goldvorkommen lediglich der Phantasie entsprangen, störte die auf Hausse spekulierenden Anleger nicht.

Law baute die Compagnie mit Unterstützung der Krone durch zahlreiche Akquisitionen aus. So erwarb er die Handelsrechte für die Kolonien in Indien, Afrika und China, das Tabakmonopol in Frankreich, die königlichen Münzstätten und das Recht zur Eintreibung des größten Teils der Steuereinnahmen. Im Februar 1720 schließlich wurde die Compagnie mit der Banque Royale zusammengelegt. Law befand sich nun auf der Höhe seiner Macht.

Die einzelnen Finanztransaktionen Laws in den Jahren 1718 bis 1720 waren zum Teil äußerst kompliziert und werden bis heute sehr unterschiedlich bewertet. Stark vereinfacht, nahm er dem Staat dessen Schulden ab und verwandelte sie in Aktien der Compagnie. Diese Aktien versuchte er an Privatanleger zu verkaufen, was den Glauben an den geschäftlichen Erfolg der Compagnie und steigende Aktienkurse voraussetzte.

Für die haussierenden Aktienkurse sorgte der Schotte auf zweierlei Weise: Zum einen trieb er den Kurs durch Termingeschäfte selbst; außerdem ließ er die Notenpresse der Banque Royale so schnell wie möglich rotieren. So wurden die beiden Fundamente aller großen Finanzkrisen – billiges Geld und eine scheinbar vielversprechende Investmentidee – geschaffen. Der Aktienkurs der Compagnie stieg dann auch sehr steil.

Ein Problem bildeten allerdings die Banknoten. Edelmetall war damals in der Bevölkerung als Geld anerkannt, Banknoten aber nicht. Zweifel der Franzosen an der Werthaltigkeit der Noten der Bank Royale hätten Laws „Finanzsystem“ gefährdet. Folglich griff er mit Unterstützung der Krone zu administrativen Mitteln: Das Edelmetall wurde als offizielles Zahlungsmittel verbannt und durch die Noten ersetzt. In gewisser Weise folgten die Vereinigten

Staaten rund 250 Jahre später diesem Modell, als Präsident Richard Nixon im Jahre 1973 die Möglichkeit aufhob, Dollar gegen Gold einzutauschen.

Im Frühjahr 1720 begann der langsame Kollaps des „Finanzsystems“, denn nun begannen die Anleger etwas zu tun, was Law überhaupt nicht erwartet hatte: Sie begannen, ihre Aktien zu den hohen Kursen zu verkaufen und ihr Geld stattdessen anderweitig zu investieren; zum Beispiel in Immobilien, deren Preise stiegen. Als Folge der stark wachsenden Geldmenge stiegen auch die Preise für Nahrungsmittel kräftig – die Parallelen zur aktuellen Situation sind vielleicht nicht zufällig.

Dass Anleger Aktien der Compagnie verkaufen könnten, war Law nicht in den Sinn gekommen. Für ihn handelte es sich um „übelwollende Individuen“, die von seinen Gegnern, von denen es nicht wenige gab, angestiftet worden waren. So wie man damals eine Staatsanleihe langfristig hielt, so ging er davon aus, dass auch die Aktien der Compagnie als langfristige Anlagen gehalten würden. Nachdem jedoch bekannt wurde, dass in Louisiana keine Reichtümer zu finden waren, galt die Aktie der Compagnie nicht länger als attraktives Investment.

Alle Versuche, den Aktienkurs zu stabilisieren, scheiterten. Die Wut der ruinierten Anleger, zu denen viele Adlige zählten, richtete sich gegen Law, der zugleich die Notenpressen der Banque Royale anhielt, um den Wert des Geldes zu retten. Anfang Dezember 1720 musste Law Frankreich fluchtartig verlassen, um der Lynchjustiz zu entgehen. Der Schotte starb 1729 verarmt in Venedig. In seinen letzten Jahren schrieb er vergeblich gegen den öffentlichen Eindruck an, sein „Finanzsystem" wäre nichts anderes als ein großer Schwindel gewesen.

Es dauerte Jahre, ehe das komplizierte Geflecht des „Finanzsystems" abgewickelt war. Am Ende kam man zu dem erstaunlichen Ergebnis, dass Law die Finanzen der Krone nicht ruiniert hatte. Der Schuldenstand war in etwa so hoch wie im Jahre 1716, als Law sein Werk begonnen hatte. Überhaupt befand sich Frankreich nicht in einer verzweifelten wirtschaftlichen Situation: Die Noten der Banque Royale wurden überwiegend in Bankeinlagen oder Staatspapiere umgewandelt, einige auch verbrannt. Aber solange die Noten kursierten, waren mit ihnen durchaus sinnvolle Projekte, zum Beispiel der Ausbau der Infrastruktur, finanziert worden. An die Stelle der Noten trat als Zahlungsmittel wieder das Edelmetallgeld. Moderne Ökonomen vertreten die Auffassung, dass Laws „Finanzsystem" durchaus hätte funktionieren können, wenn nur die Compagnie eine profitable Gesellschaft gewesen wäre.

Dafür war etwas anderes geschehen, was sich ebenfalls in jeder großen Finanzkrise beobachten lässt: Durch den Zusammenbruch der Aktienspekulation hatte sich die Einkommensverteilung verändert. Spekuliert hatten vor allem Reiche, und einige von ihnen waren am Ende von Laws

„Finanzsystem" deutlich ärmer als zuvor. Eine zweite Hinterlassenschaft Laws war das tiefe Misstrauen der Franzosen gegenüber Banknoten, das sich über viele Generationen hielt.

Die Südseeblase

Kerstin Papon

Sie hat berühmte Opfer. Der Physiker Isaac Newton und der Schriftsteller Jonathan Swift zählen dazu: die Südseeblase. Sie gilt als eine der ersten und zugleich größten Börsenspekulationen der Geschichte und hinterließ Anfang des 18. Jahrhunderts nicht nur in ihrem Ursprungsland Großbritannien tiefe Spuren. Die „South Sea Bubble" entstand aus wild rankenden Spekulationen um ein einziges Unternehmen und ergriff schließlich den gesamten Aktienmarkt. Die South See Company, welcher der Börsenrausch seinen Namen verdankt, finanzierte die Schulden des britischen Staates durch die Ausgabe eigener Aktien zu immer höheren Kursen.

Ähnlich wie später zu Zeiten des Neuen Marktes, fanden inmitten des Booms selbst windigste Geschäftsideen bei potentiellen Geldgebern reißenden Absatz. Aktienkäufe auf Kredit waren üblich. Die Aktienkurse schossen binnen weniger Monate empor. Nach dem rasanten Höhenflug kam das böse Erwachen: Die Südseeblase platze im Jahr 1720, die Kurse stürzten ab. Zahllose Anleger – vom Bauern bis zum Adligen – waren der Versuchung erlegen und verloren ihr Hab und Gut. Auch für die britische Wirtschaft blieb sie nicht ohne Folgen. In der nachfolgenden Baisse schwappte eine Welle von Bankrotten über das gesamte Land.

Gleichwohl führt der Name dieses Börsenrausches geografisch in die Irre. Um Südseeträume ging es mitnichten. Die Handelsgesellschaft South Sea Company war mit ihren Geschäften nicht etwa in der heutigen Südsee, also im Südpazifik, aktiv. Zur damaligen Zeit stand diese Bezeichnung in Großbritannien für die südamerikanischen Länder und das sie umgebende Meer. Die eigentliche Südsee war in Europa noch weitgehend unbekannt.

Ihren Anfang nahm die Südseeblase im Jahr 1711. Mehrere britische Banker gründeten in diesem Jahr die South Sea Company. Der eigentliche Geschäftszweck war jedoch weniger der Handel mit der „Südsee" und später mit Sklaven, als vielmehr die Übernahme eines Teils der britischen Staatsschulden in Höhe von zunächst 10 Millionen Pfund. Im Gegenzug erhielt die Gesellschaft eine Verzinsung von 6 Prozent und das Monopol für Handelsgeschäfte mit den spanischen Kolonien in Lateinamerika. Vor allem aber wurde der South Sea Company die Erlaubnis zuteil, zur Finanzierung der Schuldenübernahme eigene Aktien auszugeben.

England hatte in seinem Krieg mit Spanien einen immensen Berg an Schulden angehäuft. Für das Land bot sich nun eine günstige Möglichkeit der Finanzierung und für die Geldgeber eine lukrative Geschäftsidee mit einem festen Ertrag. Als die Auseinandersetzungen im Frieden von Utrecht 1713 zwei Jahre später beigelegt wurden, ergaben sich für die South Sea Company – anders als erwartet – nur beschränkte Geschäftsmöglichkeiten. Von einem Handelsschiff jährlich war die Rede. Die Vorrechte Spaniens wurden nur begrenzt, aber nicht beseitigt.

Tatsächlich fand durch die South Sea Company bis zum Jahr 1717 gar kein Handel mit den südamerikanischen Kolonien statt. Auch später sollen die Geschäfte wirtschaftlich kaum der Rede wert gewesen sein. Was allerdings mit der Zeit in der Tat florierte, war der Handel mit Sklaven. Sie wurden von Westafrika nach Amerika verschifft und dort verkauft. Dabei sollen im Laufe der Jahre 34.000 Sklaven durch die Gesellschaft erworben worden sein, von denen 30.000 die Reise über den Atlantik überlebten, eine laut Historikern vergleichsweise geringe Sterblichkeitsrate im Sklavenhandel.

Der eigentliche Südsee-Boom begann erst im Jahr 1719, als die Gesellschaft zum zweiten Mal Staatsschulden in Höhe von 1,7 Millionen Pfund übernahm und dies abermals durch die Ausgabe neuer Aktien finanzierte. Im Jahr 1718 war es wieder zum Krieg mit Spanien gekommen, die Schulden Großbritanniens wuchsen. Anfang des Jahres 1720 machte schließlich die South Sea Company dem britischen Staat das Angebot, einen Großteil der Verbindlichkeiten zu übernehmen, wenn sie im Gegenzug dazu Kapital unbegrenzt und zu jedem Kurs erhöhen könne. Ein entsprechendes Gesetz trat kurz darauf in Kraft. Der Gesellschaft wurde es erlaubt, Aktien im Nominalwert von insgesamt 31,5 Millionen Pfund zu begeben. Die Rechnung war einfach: Je höher der Ausgabekurs, desto weniger Aktien reichten für die Übernahme der Schulden und desto höher war der Ertrag.

Die Südsee-Maschinerie begann zu laufen. Der Aktienkurs der South Sea Company hatte sich bislang kaum bewegt. Anfang 1720 stand er bei 128 Pfund – bei einem Nominalwert von 100 Pfund je Aktie. Im Laufe dieses Jahres erfolgte nun wiederholt die Ausgabe neuer Aktien zu immer höheren Kursen. Zeitgleich fachten gezielte Äußerungen des Direktoriums der South Sea Company über hochprofitable Geschäfte und versprochene Dividendenzahlungen in enormer Höhe das Interesse der Investoren und die Kurse immer weiter an. Die verheißungsvollen Gewinnchancen trafen schließlich auch unter immer mehr Privatanlegern auf fruchtbaren Boden. Das Geld der Interessenten reichte längst nicht mehr. Ratenzahlungen bei der Kapitalerhöhung wurden üblich und Kredite aufgenommen, um die Aktien der Gesellschaft überhaupt kaufen zu können. Gleichzeitig startete an der Londoner Börse das Optionsgeschäft mit den Aktien.

Die Begeisterung der Investoren gipfelte schließlich in einer regelrechten Südseemanie. Alles, was auch nur im Entferntesten mit diesem Thema zu tun hatte, war gefragt. Der Kurs der Aktie schoss in dieser Euphorie empor und kletterte im August 1720 in der Spitze auf mehr als 1.000 Pfund. Längst konzentrierte sich das fieberhafte Interesse der Anleger nicht nur auf die Aktien der South

 Sea Company. Mehr und mehr Unternehmen wurden zu Trittbrettfahrern und drängten an die Börse. Urplötzlich tauchten Gesellschaften mit den skurrilsten Geschäftsideen auf und fanden bei Anlegern reißenden Absatz. Selbst ein Unternehmen, das seinen Geschäftszweck bis zuletzt geheim hielt, sammelte flugs die Mittel von Kaufwilligen ein. Die Initiatoren verschwanden schließlich bei Nacht und Nebel – natürlich mit dem Geld der Investoren.

Rund 200 solch kleinerer „Blasen" soll es in London in dieser Zeit geben haben. Historiker schätzen, dass sich die gesamte Börsenkapitalisierung Englands kurz nach dem Kursgipfel der South Sea Company-Aktie auf 500 Millionen Pfund belief – fünfmal mehr, als das in ganz Europa damals umlaufende Bargeld. Ein britisches Phänomen blieb diese Euphorie freilich nicht: Die Aktien der South Sea Company und die Papiere der Börsenneulinge lockten ausländisches Kapital an. Die Investoren kamen unter anderem aus Frankreich, den Niederlanden und der Schweiz.

Die wachsende Konkurrenz um das Geld der Anleger war es dann auch, die schließlich den Anfang vom Ende der Südseeblase markierte. Auf Drängen der South Sea Company ging die Regierung aufs Schärfste gegen unseriöse Geschäftsgründungen vor. Nach einem im Juni 1720 verabschiedeten Gesetz waren börsennotierte Gesellschafen nur noch mit staatlicher Genehmigung und dies für einen bestimmten Geschäftszweck erlaubt. Die South Sea Company führte einige Prozesse. Die Aktienkurse der meisten „Blasen“ stürzten ab. Das Gesetz, das eigentlich die Handelsgesellschaft schützen sollte, traf sie später selbst, als es immer schwieriger wurde, neue Mittel einzusammeln.

Das System wurde instabiler. Es kam zu Liquiditätsengpässen, als für verschiedene Aktientranchen der South Sea Company Ratenzahlungen der Anleger fällig wurden. Liquidität wurde zudem knapp, weil gleichzeitig die zweite große Finanzmarktspekulation dieser Zeit ins Wanken geriet. Die Südseehausse war eng verwoben mit der auf dem Kontinent stattfindenden Finanzmarktblase: der Mississippi-Spekulation in Frankreich. Ausländer zogen ihr Geld deswegen auch von der Londoner Börse ab.

Das Vertrauen der Anleger wurde nun auf eine harte Probe gestellt. Es mehrten sich fundamentale Bedenken. Die Aktien waren hoch bewertet. Gerüchte über Aktienverkäufe der Unternehmensführung der South Sea Company und anderer großer Investoren schürten schließlich die Verunsicherung. Wiederholt kam es im Sommer 1720 zu Kursrückschlägen. Ihnen folgten zunächst aber immer wieder Erholungen, die durch neuerliche positive Unternehmensmeldungen angestoßen wurden. Die Preise für neue Aktien mussten schließlich gesenkt werden, weil der Marktpreis gefallen war. Die South Sea Company hatte plötzlich Schwierigkeiten, Aktien zu platzieren.

Im September schließlich ging der Aktienkurs der South Sea Company in den freien Fall über. Zum Ende des Jahres kostete die Aktie wieder 120 Pfund. Der gesamte Markt kollabierte. Es kam zu Panikverkäufen. Viele Anleger waren schließlich ruiniert. Diejenigen, die den Aktienkauf mit Krediten finanziert hatten, blieben auf ihrem Schuldenberg sitzen. Zahlreiche Unternehmen gerieten in Schieflage und wurden zahlungsunfähig. Dem Kursrutsch an der Börse folgte eine wirtschaftliche Baisse in Großbritannien, von der sich das Land lange nicht erholte. Eine Bankenkrise, die angesichts der Liquiditätsschwierigkeiten hätte drohen können, wurde dagegen verhindert.

Die Regierung suchte nach den Schuldigen der Krise. Behördliche Untersuchungen folgten. Dabei stellte man fest, dass wenigstens drei Minister Bestechungsgelder akzeptiert und spekuliert hatten. Gegen Manager der South Sea Company wurde wegen Betrugs ermittelt. Einige wurden verhaftet, ihre Besitztümer beschlagnahmt. Die South Sea Company selbst gab es noch bis zum Jahr 1853.

Nicht nur die breite Masse verfiel der Südseehausse. Auch an namhaften Spekulanten, die an dieser Blase beteiligt waren, mangelte es nicht. Eines ihrer berühmtesten Opfer war sicherlich der Physiker Isaac Newton. Zunächst hatte er mit den Aktien der South Sea Company wohl einen stattlichen Kursgewinn erzielt, sie später jedoch abermals gekauft. 20.000 Pfund soll er schließlich in dem folgenden Kursdebakel eingebüßt haben. Von ihm stammt auch die Aussage: „Ich kann zwar die Bewegungen der Himmelskörper berechnen, aber nicht die Verrücktheit der Menschen."

Der Schriftsteller Jonathan Swift, der offenbar ebenfalls ein Vermögen verloren hatte, soll durch die Südseeblase inspiriert worden sein, „Gullivers Reisen" zu schreiben – eine Satire über die britische Gesellschaft. Auch der britische König Georg I. besaß Aktien der South Sea Company. Gleichwohl soll er aber zu den Glücklichen gehört haben, die ihre Anteilsscheine rechtzeitig veräußert haben.

Dreißig Genfer Mädchen

Gerald Braunberger

Die Französische Revolution von 1789 besaß mehrere Ursachen, die nicht allesamt ökonomischer Natur waren. Einer der Gründe für die Unruhe im Lande, die schließlich zur Revolution führte, war jedoch die verzweifelte Lage der französischen Staatsfinanzen. Zur Überschuldung hatte neben der Gier der kriegslüsternen französischen Krone ein von Genfer Bankiers entwickeltes, damals außerordentlich erfolgreiches Finanzprodukt beigetragen: vom Staat gezahlte Leibrenten, deren Dauer von der Lebenserwartung von 30 jungen Mädchen aus dem Genfer Bürgertum („Trente Demoiselles de Genève") abhing.

Die Finanzierung des Staates durch die Aufnahme von Schulden war damals nicht ungewöhnlich und wurde nicht nur von Frankreich betrieben. Es war nicht zuletzt das Geschäft mit Staatsschulden, das Bankhäuser wie Rothschild aufsteigen ließ und zur Entwicklung des Börsenhandels an vielen Finanzplätzen beitrug.

In Frankreich wurde die Lage in jener Zeit, die als Ancien Régime bezeichnet wird, kritischer als zum Beispiel in England. Die Staatsfinanzierung war schwierig, weil der Adel und die Kirche von der Steuerzahlung befreit und Steuererhöhungen im Rest der Bevölkerung unbeliebt waren. Als verheerend erwiesen sich jedoch vor allem die immensen Ausgaben für das Militär. In den Jahren zwischen 1689 bis 1789 befand sich Frankreich rein statistisch jedes zweite Jahr in einem teuren Krieg – meist gegen den alten Rivalen England.

Das Ancien Régime wäre vielleicht schon vor 1789 zusammengebrochen, wenn nicht einzelne Finanzminister mit Erfolg versucht hätten, sein Leben zu verlängern. Der bedeutendste unter ihnen war Jacques Necker (1732 bis 1804), Sohn eines Anwalts aus dem brandenburgischen Küstrin und erfolgreicher Bankier in der Schweiz. In seiner ersten Amtszeit als Minister unter König Ludwig XVI. von 1776 bis 1781 gelang es Necker, die Steuererhebung zumindest zum Teil zu zentralisieren und damit effizienter zu gestalten. Außerdem wirkte er auf Ausgabenkürzungen hin. Die Abhängigkeit der Staatsfinanzen von der Schuldenaufnahme vermochte allerdings auch er nicht zu beseitigen. „In 50 Friedensjahren ließe sich der Staat sanieren", sagte er einmal, wohl wissend, dass es keine 50 Friedensjahre geben würde, weil Frankreich andauernd Kriege führte, die seine Finanzen stets aufs Neue belasteten. So versuchte Necker, die Möglichkeiten des Staates zu verbessern, Geld aufzunehmen.

In seinen beiden letzten kurzen Amtszeiten in den Jahren 1788 und 1789 war es für Reformen schon zu spät. Neckers Bild in der Geschichte hat starken Schwankungen unterlegen. In den Jahrzehnten nach der Revolution und noch lange danach galt er als einer der Totengräber des Ancien Régime. Erst im vergangenen Vierteljahrhundert haben vor allem amerikanische Wirtschaftshistoriker ein günstigeres Bild gezeichnet.

Ein wichtiges Finanzierungsinstrument für den Staat war die Zahlung von Leibrenten, die in unterschiedlichen Variationen existierten. Im Grundsatz lief es darauf hinaus, dass Bürger dem Staat einen Kapitalbetrag überließen und dafür Zahlungen erhielten, die bis zum Tode einer im Leibrentenvertrag genannten Person geleistet wurden. Diese im Vertrag genannte Person war meist der Empfänger der Leibrente, es war aber auch möglich, eine fremde Person, zum Beispiel den König von Preußen, anzugeben.

Eine spezielle Form der Leibrente waren die sogenannten „Tontines", die es auch in England gab. Das Prinzip ging zurück auf einen italienischen Finanzier namens Tonti, der es im 17. Jahrhundert dem politisch einflussreichen französischen Kardinal Mazarin angeboten hatte. In einer „Tontine" bündelten mehrere Anleger ihr Kapital, das sie dem Staat gegen die Zahlung einer Leibrente anboten. Der Trick bestand darin, dass jedes Mal, wenn ein Anleger starb, seine Leibrente an die überlebenden Anleger gezahlt wurde. Wer also alle anderen Partner überlebte, erhielt auch deren Leibrenten und war somit ein gemachter Mann. Eine „Tontine" war Kapitalanlage und Lotterie zugleich.

Allerdings besaß sie einige Nachteile. Der Bezug einer Leibrente war zwar für den Anleger eine feine Sache, weil sie der Staat meist höher verzinste als eine Staatsanleihe.

Aber aus der Sicht der Erben war eine Leibrente ihrer Eltern weniger attraktiv als eine Anleihe, die neben Zinszahlungen auch eine Rückzahlung des Kapitals vorsah. Außerdem waren die „Tontines" der Tugend nicht förderlich. Da es für einen Anleger, der sich an einem solchen Produkt beteiligte, lohnend war, seine Partner zu überleben, luden die „Tontines" dazu ein, Partner zu ermorden oder ermorden zu lassen. Aus diesem Grunde wurden sie später in Großbritannien verboten, und auch in Frankreich kam „Tontines" Produkt außer Mode.

Dafür revitalisierten Genfer Bankiers in der zweiten Hälfte des 18. Jahrhunderts das Prinzip der Leibrente mit überragendem Erfolg. Sie gingen von der einfachen Überlegung aus, dass Leibrenten für Anleger umso attraktiver sein mussten, je länger die Personen lebten, an denen sich die Dauer der Rentenzahlung durch den französischen Staat ausrichtete. Wer aber besaß eine längere Lebenserwartung als gesunde Mädchen aus dem Genfer Bürgertum, die gerade ihre Kinderkrankheiten hinter sich hatten? Die Bankiers suchten 30 gesunde junge Genfer Mädchen aus und entwickelten eine Leibrente, die vom französischen Staat so lange gezahlt werden sollte, bis das letzte der jungen Mädchen als alte Frau sterben würde. Auf der Basis dieses Produkts kauften die Genfer Banken zunächst mit eigenem Geld Leibrenten vom französischen Staat, die sie in handelbare Wertpapiere transformierten – modern würde man von einer Verbriefung von Forderungen sprechen. Diese Papiere waren bei Anlegern innerhalb und außerhalb Frankreichs sehr beliebt, da sie dank der erwartet langen Lebensdauer der 30 Mädchen eine besondere Qualität besaßen – heutzutage würde man sagen, sie besaßen ein sehr gutes Rating.

Die Popularität dieser und anderer Leibrentenprodukte hat wesentlich zu jener Überschuldung beigetragen, die das Ancien Régime wenig später in den Abgrund trieb. Mit leichter Übertreibung ließe sich sagen, dass die 30 Genfer Mädchen so indirekt zur Revolution von 1789 beitrugen. Allerdings fragt sich aus heutiger Sicht, warum sich der französische Staat und die Anleger auf dieses Abenteuer einließen.

Die Anleger und ihre Banken wussten nicht um den Zustand der französischen Staatsfinanzen, da die wahren Zahlen das Geheimnis der Krone und ihres Finanzministeriums blieben. Transparenz, wie es sie heute gibt, existierte damals nicht. So war auch nicht bekannt, dass die Krone einen immer größeren Teil ihrer Schulden durch die Ausgabe zusätzlicher Banknoten finanzieren ließ.

Der Staat wiederum nahm hemmungslos das Geld der Anleger, weil er andernfalls hätte Bankrott anmelden müssen. Eine langfristige Finanzplanung betrieb er sowieso nicht. Ob der anschließende Zusammenbruch vermeidbar war, ist unter Historikern umstritten.

Als die Lage ausweglos zu werden drohte, berief König Ludwig XVI. im Jahre 1789 zum ersten Mal seit 1614 die Generalstände ein: ein Gremium von Vertretern der drei Stände (Adel, Kirche und dritter Stand), das nur in Krisenzeiten zusammentrat. Die Vertreter des dritten Standes, die überwiegend das Bürgertum vertraten, nutzten die Schwäche der Krone, um ihre Macht auszubauen, was wenig später zur Revolution führte. Die vom Ancien Régime angehäuften Staatsschulden wurden wertlos, als die Währung in der Revolution kollabierte. Für geordnete monetäre Verhältnisse sorgte im Jahre 1800 Napoleon Bonaparte mit der Gründung der Banque de France.

Die Volldampf-Aktien

Winand von Petersdorff-Campen

Viele technische Errungenschaften werden von Phantasten vorbereitet, die Haus und Hof auf Hirngespinste verwetten. Ihnen gegenüber stehen die Phantasielosen, die die neue Technik im Brustton der Überzeugung als überflüssig und sinnlos abkanzeln. Die beiden Gruppen markieren die Ränder eines Raums, in dem irgendwo die menschliche Vernunft wohnt, gelegentlich gut getarnt.

Als die ersten Eisenbahnen bereits seit einigen Jahren fuhren, fragt das britische Magazin Quarterly Review im März 1825: „Was kann in seiner Offensichtlichkeit absurder sein als die Annahme, Lokomotiven würden doppelt so schnell wie Postkutschen fahren?" Und Doktor Dionysus Lardner, Professor für Naturphilosophie und Astronomie der Universität London, teilt mit dem britischen Magazin das Pech, dass seine Erkenntnis überliefert wurde, statt ins schwarze Loch des Vergessens zu fallen: „Zugverkehr in hoher Geschwindigkeit ist nicht möglich, weil die Passagiere, unfähig zu atmen, an Erstickung stürben."

Es sollte ganz anders kommen: Den Siegeszug der Bahn in der ersten Hälfte des 19. Jahrhunderts konnte nichts bremsen. Den Anfang machte England, danach entstanden Eisenbahnen in Kontinentaleuropa, in den Vereinigten Staaten von Amerika, in Russland und in vielen anderen Ländern.

Die Eisenbahn war eine Frucht der Industriellen Revolution. Wurden Güter früher zeitaufwendig, dezentral und teuer von Handwerkern gefertigt, wurden sie später schnell, zentral und billig in Fabriken produziert. Damit die Massenware zu den Märkten fand, brauchte es neue Transportmittel.

Diese Aufgabe sollte die Eisenbahn erfüllen. Allerdings musste sie zunächst zuverlässig gemacht werden, um die alternativen Transportmittel – die Binnenschiffe mit den dazugehörigen Kanalsystemen und die Postkutschen – zu verdrängen. Für die Dampfmaschine sorgte James Watt. Andere Pioniere wie George Stephenson machten aus der Dampfmaschine eine Lokomotive. Um die gewaltige Anfangsinvestition für den Bau der Eisenbahnstrecken, Bahnhöfe, Lokomotiven und Wagons zu finanzieren, war viel Geld vonnöten.

An Liquidität sollte es jedoch nicht mangeln. Nicht nur Industrielle hatten Vermögen angehäuft und suchten nach Anlagen, die mehr versprachen als Staatspapiere. Zudem herrschte in den wichtigsten Ländern Aufbruchstimmung und Begeisterung für die neue Technik.

England, damals die wirtschaftliche Supermacht, lief vorweg. Die Kapitalmärkte dort hatten damals schon erste Industrieunternehmen und Minengesellschaften finanziert, nachdem sie jahrelang vor allem Staatsanleihen gehandelt hatten. Und sie hatten Unternehmen mitfinanziert, die heute in die Investitionsklasse Logistik fallen würden: Den Kapitalmarkt von 1825 bestimmten Anleihen von Brücken- und Mautstraßenbetreibern sowie von Kanal-Gesellschaften. Doch dann kamen Eisenbahngesellschaften auf, die die Fracht auf Binnenschiffen unterboten. Eisenbahnen waren um 1830 herum plötzlich heiß. Sie waren schneller als Schiffe und Kutschen und viel billiger.

Es gab eine industrielle Logik für die Existenz und den Erfolg der Bahnen. Dass sie gelegentlich in die Luft flogen, galt als Randerscheinung, zumal die Züge zumeist Fracht transportierten. Kurz trübte sich das Ansehen der Eisenbahngesellschaften, als zur Eröffnung der „Liverpool and Manchester Railway" ein Exminister unter die Räder kam und verschied.

Doch nichts konnte die Aufbruchstimmung ersticken. Von 1825 an kamen stetig Bahngesellschaften an die britische Börse bis zum Höhepunkt 1846. Die Papiere der Gesellschaften fanden reißenden Absatz. Eisenbahnen hatten ein verführerisches Moment: Die Leute konnten sehen, was aus ihrem Geld wurde. Eisenbahnen waren gut besetzt, das Schienennetz wurde in einem unglaublichen Tempo ausgebaut. Und die Gesellschaften schütteten gute Dividenden aus, die die Renditen der Staatspapiere deutlich übertrafen. Einige Eisenbahngesellschaften allerdings verlegten nie auch nur einen Meter Schienenstrang, ihre Gründer stahlen sich mit Börsenerlösen davon.

Ein weiteres Problem, dessen sich die Eisenbahngesellschaften schnell schmerzlich bewusst wurden, war die Konkurrenz, die Preise, Auslastung und Laune verdarb. Es gab immer mehr Eisenbahngesellschaften, die staatliche Lizenzen für Strecken bekamen, nicht selten durch Korruption. Das schmälerte die Erlöse. Neue Strecken waren naturgemäß weniger ertragreich, weil die besten Regionen längst angeschlossen waren. Gleichzeitig waren die Baukosten ständig unterschätzt worden. Und schließlich wurden zu Lasten des Eigenkapitals der Gesellschaften Dividenden ausgeschüttet, um Anleger ruhig zu halten und für die Zeichnung neuer Papiere zu gewinnen. Das konnte auf Dauer nicht gutgehen. Die Folge war die Zahlungsunfähigkeit zahlreicher Gesellschaften. 1846 krachte der britische Eisenbahnindex von über 400 Punkten auf rund 100 Punkte. Dort sollte er in den nächsten 60 Jahren verharren.

In Deutschland boomten Eisenbahngesellschaften in zwei Phasen. Die erste Hausse wurde zwischen 1842 und 1848 durchlebt. So stiegen die Aktien der ersten deutschen Eisenbahn in wenigen Monaten nach der Emission auf 300 Prozent ihres Ausgabekurses. Die Titel der Taunusbahn waren vierzigfach überzeichnet und erreichten bei der Erstnotiz einen Aufschlag von 70 Prozent. Zwei Ereignisse sorgten dafür, dass die Eisenbahn-Spekulation in Schwung kam. Zunächst verbot die preußische Regierung Termin- und Optionsgeschäfte in allen nicht-preußischen Wertpapieren. Anleger schichteten deshalb ihr Vermögen in Eisenbahnaktien um.

 Etwas später garantierte das Kabinett den Aktionären von bereits genehmigten Eisenbahngesellschaften eine Verzinsung von 3,5 Prozent auf den Nominalwert der von ihnen gehaltenen Titel. Danach waren die Eisenbahnaktien nicht mehr zu halten. Sie waren auch für Nichtspekulanten eine lohnende Alternative geworden. Ständig wurden neue Gesellschaften an die Börse gebracht, Aktien wurden zunehmend außerbörslich gehandelt. Neuemissionen waren ständig überzeichnet.

Bald wurde es der preußischen Regierung allerdings zu bunt. Sie verbot die Gründung von neuen Eisenbahngesellschaften und die Ausgabe neuer Aktien. Die Kurse gingen in den Keller und verharrten dort ein gutes Jahrzehnt. Es folgte die zweite Phase der Euphorie. Die deutsche Wirtschaft erstarkte, Frankreich wurde 1870 bis 1871 im Krieg besiegt. Neue Eisenbahngesellschaften wurden gegründet, an der Berliner Börse waren 180 Eisenbahnpapiere notiert. Es sollte ein kurzer Boom bleiben. 1873 kam der Einbruch der Wiener Börse. Meldungen über eine schwere Eisenbahnkrise in Amerika trafen ein. Zahlreiche amerikanische Unternehmen, deren Anleihen und Aktien die Berliner noch kurz zuvor fleißig gekauft hatten, standen angeblich vor dem Zusammenbruch.

Dazu kam, dass der preußische Eisenbahnkönig Bethel Henry Strousberg schwere Verluste in Rumänien erlitten hatte und ins Visier von liberalen Politikern kam, die Korruption witterten. Er hatte, um Geld für seine zum Teil windigen Eisenbahngesellschaften aufzutreiben, Adlige wie Fürst Pückler als Zugpferde engagiert. Der Zusammenbruch dieser Symbolfigur, die Krise an der Wiener Börse, schlechte Nachrichten aus Amerika und neue innenpolitische Unsicherheiten bildeten die Zutaten für den Crash.

Am 13. Mai kam es in Berlin zum Einbruch. 300 der 375 gelisteten Gesellschaften hatten zum Teil dramatische Kursverluste erlitten. In den drei Jahren nach dem Krisenjahr 1873 mussten 180 börsennotierte Unternehmen liquidiert werden. Vor allem Eisenbahngesellschaften wiesen hohe Verlustquoten auf. Viele Anleger verloren ihr Auskommen. Spekulation geriet in Misskredit. Doch die Eisenbahn blieb.

Die erste Weltwirtschaftskrise

Christian von Hiller

Auf diese Nachricht hat Karl Marx in seinem Londoner Exil lange gewartet: Im Herbst 1857 brach in den Vereinigten Staaten eine noch nie dagewesene Wirtschaftskrise aus. Reihenweise brachen Banken zusammen und gingen Industrieunternehmen in Konkurs. Binnen kurzem stürzte sie Millionen Menschen auf der ganzen Welt in Arbeitslosigkeit, Hunger und Not. „Pleite ist ein anderes Wort für Hunger", schrieb die „Chicago Tribune". Wie ein Kartenhaus schien der Kapitalismus einzustürzen, genauso wie Marx es vorhergesagt hatte.

Der Bankenkollaps sei einfach „beautiful", schrieb er begeistert seinem Freund Friedrich Engels, und dieser antwortete genauso euphorisch: „Der American crash ist herrlich und noch lange nicht vorbei."

Die Bankenkrise von 1857 traf die Finanzwelt völlig unerwartet, und sie fügte der aufbrechenden Industriegesellschaft tiefere und schmerzhaftere Wunden zu als all die Kriege und Revolutionen der Jahre zuvor. Sie stürzte nicht nur die Vereinigten Staaten in tiefe Verzweiflung, sondern riss auch Deutschland, England, Skandinavien, Südamerika, Indien und zahlreiche andere Länder mit. Um Haaresbreite wäre Marx' düstere Voraussage wahr geworden, und der Kapitalismus hätte sich in ungezügelter Profitgier fast selbst zerstört.

Ein Mann allein löste den Bankenkrach aus: Edward Ludlow, einfacher Angestellter im New Yorker Büro der angesehenen Bank Ohio Life Insurance and Trust Company. Die Bank verdiente prächtig am Eisenbahnboom, der die junge Nation erfasst hatte. Ludlow investierte immer zügelloser in Eisenbahnaktien, verlor jeden Sinn für das Maß, lieh sich bei anderen Banken das Geld für immer waghalsigere Spekulationen – und verlor alles. Mit einem Kapital von nur 2 Millionen Dollar hatte die Bank 5 Millionen Dollar in ungenügend besicherte Eisenbahnkredite investiert – der Fall erinnert fatal an den Sturz der IKB Deutsche Industriebank im Sommer 2007. „Ich habe die unangenehme Pflicht bekanntzugeben, dass diese Gesellschaft ihre Zahlungen eingestellt hat", teilte der Präsident der Ohio Life, Charles Stetson, am 24. August 1857 lapidar mit.

Wie so oft in der Geschichte scheinen der Auslöser der Krise banal und die Gründe umso mehr im Verborgenen zu liegen. Nach dem Amerikanisch-Mexikanischen Krieg von 1846 bis 1848 hatte in den Vereinigten Staaten ein kräftiger Aufschwung eingesetzt. Die Menschen investierten in Eisenbahnbau, Industrie, Weizenerzeugung und Land. Doch 1856 versiegte der Zustrom neuer Pioniere im amerikanischen Westen, die dort eine eigene Farm kaufen wollten. Offenbar fürchteten sie eine politisch unruhige Lage in Kansas. Die ausbleibenden Siedler ließen die Landpreise fallen, die Eisenbahnen transportierten weniger Fahrgäste in den Westen, und die Aktienkurse der Eisenbahngesellschaften begannen zu stürzen. Dadurch wurde die Finanzlage für jene Banken eng, die auf einen lange anhaltenden Aufschwung gesetzt hatten – und das hatten fast alle getan, denn alle wollten sie dabei sein und sich nach Kräften bereichern.

Als die Ohio Life den Bankrott erklären musste und ihre Gläubiger auf ihren Forderungen sitzen ließ, riefen die übrigen Banken ihrerseits die Kredite zurück, die sie anderen Banken und Industrieunternehmen gewährt hatten. Eine Abwärtsspirale setzte sich in Gang, der sich kaum jemand entziehen konnte. Es kam noch schlimmer: Eilig wurde ein Schiff, die SS Central America, mit 3 Tonnen Gold aus den Minen Kaliforniens losgeschickt, um die New Yorker Banken mit Geld zu versorgen. Doch der Schaufelraddampfer sank am 12. September vor der Küste von South Carolina. Die Rettung für die notleidenden Banken blieb aus.

Ende September hofften die Banken noch, die Farmer im Westen könnten ihre Weizenernte zu den gleich hohen Preisen nach Europa verkaufen wie in all den Jahren zuvor. Die Menge war groß, und Westeuropa war auf die Lieferungen angewiesen. Denn seit 1853 tobte der Krimkrieg zwischen Russland auf der einen Seite und dem Osmanischen Reich, England und Frankreich auf der anderen Seite. Er schnitt Westeuropa von den riesigen Weizenüberschüssen Russlands ab, so dass der Kontinent immer mehr von Einfuhren aus den Vereinigten Staaten abhängig wurde.

Im Frühjahr 1856 jedoch schloss der neue Zar Alexander II. Frieden, und damit öffnete sich wieder der russische Weizenmarkt für das übrige Europa. Auch 1858 konnten die amerikanischen Farmer ihre Ernte nicht nach Europa verkaufen. Die Weizenkrise im amerikanischen Westen traf nun auch die Industriebetriebe im Norden, deren wichtigster Absatzmarkt zusammenbrach. Mehr als 5.000 Unternehmen konnten bis Ende 1857 ihren Zahlungsverpflichtungen nicht mehr nachkommen.

Nur: Was muss es die Finanzwelt in Hamburg, Berlin oder Frankfurt stören, wenn im fernen Amerika die Farmer auf ihrer Ernte sitzen bleiben und die Industrie bankrott geht? Tatsächlich waren Europa und Amerika damals schon so sehr aufeinander angewiesen wie heute wieder in den Zeiten der modernen Globalisierung. Die Weltfinanz war eng verflochten. Die amerikanischen Banken hatten sich nicht nur untereinander Geld geliehen, sondern auch von englischen Banken, die deshalb rasch ihrerseits in Zahlungsschwierigkeiten gerieten.

In Deutschland holte die Wirtschaft nach der gescheiterten Revolution von 1848 ihren Rückstand in der Industrialisierung in großen Schritten auf. Überall im Land wurden mit hoher Geschwindigkeit Eisenbahnstrecken gebaut. Hüttenwerke und Industriebetriebe entstanden allerorten. Die traditionellen Privatbankiers, die auf eigenes Risiko den Aufschwung und Unternehmerpioniere finanzierten, waren am Rande ihrer finanziellen Kräfte angelangt. Aktienbanken entstanden nach dem Vorbild des Crédit Mobilier in Frankreich. Weil deren Aktien an der Börse notiert waren, konnten diese Bank flexibel frisches Geld über Kapitalerhöhungen am Kapitalmarkt auftreiben und so neue unternehmerische Ideen in einer Größenordnung finanzieren, wie sie meistens die Möglichkeiten der Privatbanken überstieg.

1853 gründeten vier Kölner Bankiers die Bank für Handel und Industrie in Darmstadt, eines der ersten Industriekreditunternehmen in Deutschland. In Köln verweigerte die preußische Regierung die Konzession. In Frankfurt widersetzten sich erfolgreich die Bankiers Rothschild dieser neuen Idee, die ihrer Meinung nach unwägbare Risiken für das Finanzsystem barg. Sie sollten nicht ganz Unrecht haben. Doch der Erfolg bei der Platzierung der Aktien war so immens, dass die Darmstädter Bank rasch Nachahmer fand.

Der Zusammenbruch der Ohio Life traf zunächst nicht die Finanzplätze Frankfurt, Köln oder Berlin. Der wunde Punkt der deutschen Wirtschaft war die Welthandelsmetropole Hamburg, wenn auch erst mit einigen Wochen Verzögerung im November 1857. Die Speicher am Hafen waren prall gefüllt mit Luxus- und Kolonialwaren. In Erwartung einer weiterhin florierenden Wirtschaft betrugen die Lagerbestände das Doppelte des Durchschnitts der Jahre zuvor.

Als reihenweise die Handelswechsel in London und New York platzten, kam in Hamburg zur Absatzkrise rasch eine

Finanzkrise hinzu. Im November und Dezember brach ein Hamburger Handelshaus nach dem anderen zusammen. Ende November erreichte die Konkurswelle Berlin und schließlich auch Skandinavien. Schließlich hing Schweden völlig von Hamburg „als seinem Exporteur, Wechselmakler und Bankier ab", wie Marx damals schrieb.

Die lauten Klagen der Geschäftsleute „ähnelten den vergeblichen Hilferufen, die dem Untergang eines Schiffes vorausgehen", notierte Marx genüsslich. Für die staatlichen Versuche, den Kollaps der Wirtschaft aufzuhalten, hatte er nur beißende Häme übrig: „Diese Art Kommunismus, wo die Gegenseitigkeit völlig einseitig ist, erscheint den europäischen Kapitalisten ziemlich anziehend."

So heftig die erste Weltwirtschaftskrise auch war, so rasch wurde sie überwunden. Ende des Jahrzehnts knüpften die Wachstumsraten an den Aufschwung, der mit der Industrialisierung einherging, wieder an. Karl Marx musste seine Hoffnung auf die Weltrevolution verschieben.

Das Ende der Gründerzeit

Judith Lembke

Wer heute an die Gründerzeit denkt, hat meist die großbürgerlichen Häuser vor Augen, die an einigen Orten in Deutschland Kriege und städtebaulichen Kahlschlag überstanden haben. Die Gebäude sind steinerne Zeugen des Aufschwungs in den siebziger Jahren des 19. Jahrhunderts und spiegeln mit ihrer Opulenz den wirtschaftlichen Optimismus dieser Zeit. Von der Krise, die darauf folgte und viele der Hauseigentümer um ihr Vermögen brachte, erzählen die Bauten nichts.

Sie entstanden zu einer Zeit, als ein Investitionsfieber das neu gegründete Deutsche Reich gepackt hatte. Zwischen 1871 und 1873 wurden in Deutschland 928 Aktiengesellschaften mit einem Gesamtkapital von 2,78 Milliarden Mark gegründet. In den zwanzig Jahren davor waren es noch nicht einmal 300. Das Hauptgewicht der Gründungen lag in der Bergbau-, Maschinenbau- und Eisenbahnindustrie.

Die Gründungswelle ging von Berlin aus, dem Sitz des deutschen Kaisers. Die Börse der Reichshauptstadt überflügelte die ehemalige deutsche Hauptbörse in Frankfurt und versorgte die florierende Wirtschaft mit Kapital. Das lag vor allem daran, dass sie im Vergleich zur Frankfurter Börse eine größere Offenheit gegenüber dem neuen Wertpapier Eisenbahnaktie zeigte. Andere Zentren des Aufschwungs lagen in Sachsen, dem Rheinland und Westfalen.

Der einheitliche Wirtschaftsraum, der mit dem neuen Reich geschaffen wurde, begünstigte Unternehmensgründungen. Zudem dehnte sich das Bankwesen immer stärker aus, denn eine liberale Wirtschaftspolitik ermöglichte eine stärkere Zusammenarbeit zwischen Banken und Unternehmen. Die Aktienrechtsnovelle vom 11. Juni 1870 spielte eine wichtige Rolle, da sie die Gründung von Aktiengesellschaften und den Aktienhandel erheblich erleichterte. Vor allem die Reichsgründung ließ die Wachstumserwartungen der Zeitgenossen ins Unermessliche steigen.

Zudem beflügelte der Deutsch-Französische Krieg den Aufschwung: Seit Ende des Jahres 1870 nahmen die Investitionen ebenso rapide zu, wie die Nachfrage nach Kriegsmaterial anstieg. Der Sieg und das damit verbundene Ende politischer Unsicherheiten ließen die Marktteilnehmer optimistisch in die Zukunft blicken. Nach Kriegsende finanzierten die französischen Reparationszahlungen das Wachstum östlich des Rheins. Der politische Wunsch, das neue Reich schuldenfrei antreten zu lassen, veranlasste die Finanzverwaltung, die Kriegsanleihen so schnell wie möglich zu tilgen – vor allem mit dem Geld aus Frankreich. So landeten die Reparationen gleich an den deutschen Börsen, denn die Besitzer von Kriegsanleihen suchten sofort neue Anlagemöglichkeiten. Insgesamt flossen etwa 2,5 bis 3 Milliarden Franc, also etwa 2 bis 2,4 Milliarden Mark, bis zu Beginn der Krise direkt auf den deutschen Kapitalmarkt. Bei einem Nettosozialprodukt von 16 Milliarden Mark hatte das Geld der Kriegsverlierer somit erheblichen Einfluss auf das Geschehen in deutschen Banken und an deutschen Börsen.

Es entstanden nicht nur viele Industrieunternehmen, auch viele Banken wurden in der Zeit gegründet. Die Deutsche Bank, die Commerz- und Discontbank sowie die Dresdner Bank sind heute noch aktiv. Doch nicht nur im Deutschen Reich wurde heftig spekuliert, auch in Österreich kam es in den siebziger Jahren des 19. Jahrhunderts zu zahlreichen Neugründungen. Im Nachbarland ging der Impuls von der Landwirtschaft aus: Das Geld, das mit Rekordernten in Ungarn verdient wurde, wurde in den Eisenbahnbau gesteckt. Der wiederum hatte die Entstehung vieler nachgelagerter Industriebetriebe zur Folge. Auch viel deutsches Geld wurde in Österreich investiert. Etwa eine Milliarde Mark flossen an die Wiener Börse, den wichtigsten Finanzplatz im Habsburgerreich.

In der Hauptstadt der Donaumonarchie hatte schließlich auch die Gründerkrise ihren Ursprung, die in den folgenden Jahren nicht nur Deutschland und Österreich, sondern auch Ungarn, Italien, die Schweiz, England, Frankreich, die skandinavischen Länder, Russland und sogar die Vereinigten Staaten erfasste. Im Jahre 1873 sah sich die Österreichische Credit-Anstalt wegen negativer politischer Nachrichten aus Frankreich veranlasst, alle Börsendepots zu kündigen und die Kontokorrentkredite einzuschränken. Als Folge des Liquiditätsengpasses kam es im Mai in nur drei Tagen zu 150 Zahlungseinstellungen. Daraufhin wurde das als sehr solide geltende Wiener Kommissionshaus Petschek am 9. Mai zahlungsunfähig.

Noch am gleichen Vormittag wurden 120 weitere Insolvenzen angemeldet. Der Damm war gebrochen. Innerhalb weniger Wochen fielen die Wertpapierkurse ins Bodenlose. Die übertriebene Spekulation wurde vor allem am Zusammenbruch vieler Baugesellschaften sichtbar, die in den vorangegangenen Jahren die Grundstückspreise in schwindelnde Höhen getrieben hatten. Die Kurse von Eisenbahnaktien hielten sich hingegen noch eine Zeitlang relativ stabil.

Dem Dominoeffekt folgend, breitete sich die Krise auch auf deutsche Börsenplätze aus. Bis Oktober 1873 häuften sich dort die Insolvenzen. Allerdings kam es gleichzeitig auch noch zu vielen Neugründungen, vor allem in Norddeutschland. Das Kartenhaus brach erst zusammen, als die Berliner Vereinsbank im Herbst in Konkurs ging. Die Kurse der 444 deutschen Aktiengesellschaften sanken in der Folge um durchschnittlich 46 Prozent. Die Überinvestition, die nun offenbar wurde, verschlimmerte die Krise. Bis 1873 waren vor allem in der Investitionsgüterindustrie Kapazitäten geschaffen worden, die mit riesigen Wachstumsraten rechneten. Als die Nachfrage jedoch stagnierte und dann sogar schrumpfte, wurde das Überangebot sichtbar. Die Produktion wurde angepasst, Arbeitskräfte wurden entlassen, und die Preise fielen. Viele Unternehmen, die zu Boomzeiten gegründet worden waren, gingen pleite.

 Die Gründerkrise wirkte sich auf die gesamte deutsche Wirtschaft aus. Von den 107 Aktienbanken, die zwischen 1870 und 1874 in Deutschland gegründet wurden, existierte fünf Jahre später noch ein Drittel. Auch die Zahl der börsennotierten Industrieunternehmen schrumpfte.

Auf die sinkenden Preise reagierte der Staat mit Zöllen. Die Unternehmenspleiten versuchte er mit der Aktiennovelle vom 18. Juli 1884 zu bekämpfen, hatte die mangelnde gesetzliche Regulierung die Übertreibungen des Gründungswesens doch erst möglich gemacht. In Zukunft sollte diese krasse Überspekulation nicht mehr möglich sein, die viele Aktionäre und Gläubiger in den Ruin geführt hatte. Die Novelle schuf die Grundlage einer Unternehmensstruktur, die bis heute fortwirkt. Gesellschaftsgründer und das Gründungsverfahren traten nun stärker in den Vordergrund. Außerdem wurden die Organe einer Gesellschaft – also Vorstand, Aufsichtsrat und Aktionärskreis – stärker als bisher voneinander abgegrenzt. Die Sanktionen, die gegen Gründer und leitende Angestellte bei deren Fehlverhalten verhängt werden konnten, wurden zivil- und strafrechtlich verschärft.

Als Folge der Krise, die erst im Jahre 1879 überwunden war, hatten viele politisch Verantwortliche ihren Glauben an den Liberalismus verloren. Das seit der Aktienrechtsnovelle von 1870 angewandte freie Spiel an den Finanzmärkten wurde als Wurzel des Übels ausgemacht. Der regulatorische Rahmen wurde wieder enger gefasst:

Protektionistische Maßnahmen ersetzten den Freihandel, und der freie Fluss des Kapitals wurde wieder eingeschränkt.

Die deutsche Hyperinflation

Stefan Ruhkamp

Der freundliche Nachbar erlaubte uns Kindern das Herumstöbern in seinen Kisten und Koffern. Und neben der furchterregenden Gasmaske aus dem Weltkrieg war die Kiste mit den Geldscheinen aus den zwanziger Jahren die tollste Attraktion. Die riesigen Beträge, die auf den achtlos verstauten Banknoten standen, heizten unsere Phantasie an. Was konnte man nicht alles für eine Million Mark kaufen oder gar für eine Milliarde?

Nicht viel – jedenfalls nicht in der Zeit, als die Reichsmarkscheine gültig waren. Zu Beginn der zwanziger Jahre des vorigen Jahrhunderts wirbelte eine rasante Geldentwertung die deutsche Gesellschaft durcheinander. Wer sein Leben lang gespart und Staatsanleihen gezeichnet hatte, war ebenso verarmt wie Rentner und Beamte. Reich wurden alle, die Sachwerte besaßen.

Auf dem Höhepunkt der Hyperinflation zogen die Arbeiterfrauen mittags mit dem Handkarren in die Fabriken, um den Lohn ihrer Männer abzuholen und ihn für Lebensmittel auszugeben. Den Karren brauchten sie nicht etwa, weil es so viel Gemüse und Brot zu kaufen gegeben hätte, sondern weil das Papiergeld trotz der in die Billionen gehenden Nennwerte so wenig wert war, dass man selbst für kleine Einkäufe mehr Geld braucht, als ein Mensch tragen kann. Ende 1923 lohnte es sich gar, das nahezu wertlose Papiergeld zu verheizen oder als Altpapier zu verwenden.

Seit dieser Zeit zählt die Inflation zum kollektiven Gedächtnis der Deutschen. Die Universität Tübingen pflegt den Schatz ihrer Inflationsanekdoten ebenso liebevoll wie der Gemischte Chor Bethen, der an den Tausch von 500 Pfund Roggen gegen 50 Gesangbücher erinnert. Auf der Internetseite der Deutschen Bundesbank finden sich gerade einmal 200 Einträge zur Deflation, aber rund 2.000 zu Inflation und Hyperinflation. Der Schreck sitzt so tief, dass der jüngste Anstieg der Teuerungsraten von knapp 2 auf gut 3 Prozent seit Monaten die Nachrichtensendungen und Titelseiten der Tageszeitungen beherrscht. Ohne das gut 75 Jahre zurückliegende Trauma der deutschen Hyperinflation wäre es wohl kaum denkbar, dass die Europäische Zentralbank auf den vornehmlich durch die hohen Energiekosten verursachten Preisanstieg der vergangenen Monate derart entschlossen reagiert und trotz der immer noch schwelenden Finanz- und Bankenkrise Zinserhöhungen in Aussicht stellt.

Fast alle Inflationsanekdoten beziehen sich auf die Jahre 1922 und 1923. Dabei begann das Desaster viel früher. Die Deutschen führten den Ersten Weltkrieg auf Pump. Die Golddeckung der Währung war schon zuvor aufgeweicht worden, aber mit Beginn des Krieges im Jahr 1914 gab es kein Halten mehr. Die Reichsbank gab der Regierung Kredit und warf die Notenpresse an. Zudem verschuldete sich der deutsche Staat mit Kriegsanleihen bei der eigenen Bevölkerung. Die Preise begannen schon bald zu steigen, nach heutigen Maßstäben beängstigend schnell. 1920, zwei Jahre nach dem Ende des verlorenen Krieges, waren die Lebenshaltungskosten gegenüber dem Jahr 1913 auf das Achtfache gestiegen.

Doch das war erst das Vorspiel: Wieder zwei Jahre später lagen sie bei dem Zwanzigfachen, Anfang 1923 bei dem Tausendfachen. Dann ging es immer schneller, und am Ende des Jahres waren die Preise für Lebensmittel mehr als eine Milliarde mal so hoch wie zehn Jahre zuvor. Ein Kilogramm Roggenbrot kostete am 3. Januar 1923 in Berlin 163 Reichsmark, am 19. November forderten und erhielten die Bäcker die phantastische Summe von 233 Milliarden Reichsmark.

Lange Zeit wurde die Hyperinflation als ein politisches und finanzwirtschaftliches Versagen interpretiert. Reichsbankpräsident von Havenstein wirkt in der Literatur mitunter wie eine Witzfigur. Stolz sei er gewesen auf die reibungslose Versorgung mit immer größeren Bargeldmengen. Übrigens war das wirklich eine logistische Meisterleistung. Allein in der Reichsdruckerei waren 7.500 Menschen mit dem Drucken von Papiergeld beschäftigt. 84 private Druckereien stellten Banknoten her, 30 Papierfabriken lieferten den Rohstoff. Die gut geölte Maschinerie heizte die Inflation immer weiter an.

Inzwischen ist das Urteil der Wissenschaft allerdings differenzierter. Nach dem Kriegsende stand der deutsche Staat vor enormen Aufgaben. Die deutsche Wirtschaft lag am Boden, Millionen demobilisierte Soldaten standen auf der Straße und obendrein lasteten riesige Reparationsforderungen auf den Finanzen des Staates, der nach dem Krieg ohnehin überschuldet war. Die Inflation verhieß einen raschen Ausweg aus der Klemme. Die Schulden des Staates gegenüber dem Inland wurden innerhalb weniger Monate fast vollständig entwertet. Die frisch gedruckten Banknoten reichten, um umfangreiche Sozialprogramme zu finanzieren und so politische Unruhen zu vermeiden. Zugleich begünstigte die Politik des billigen Geldes die wirtschaftliche Erholung. Und tatsächlich stieg die Leistung der deutschen Wirtschaft zunächst. Die Industrieproduktion wuchs 1920 um 45 Prozent, 1921 um 20 Prozent.

Doch dafür wurde ein hoher Preis gezahlt. Das war nicht nur der wirtschaftliche Rückschlag im Jahr 1923, als die Produktion um 34 Prozent sank. Die faktische Enteignung großer Teile der Bevölkerung wog schwerer und nachhaltiger. Vor allem der Mittelstand wurde getroffen, dessen Ersparnisse fast vollständig entwertet wurden. Die Löhne der Arbeiter und Angestellten wurden zwar wegen der steigenden Lebenshaltungskosten laufend erhöht, in den Krisenjahren zeitweise täglich. Doch das geschah mit Zeitverzug, was erst recht für die Einkommen der Pensionäre und Rentner galt. Die Einbußen trafen vor allem die Besserverdienenden. Das um die Inflation bereinigte Realeinkommen von Beamten im Höheren Dienst zum Beispiel verringerte sich von 1914 bis 1920 um fast zwei Drittel. Geringqualifizierte Staatsdiener büßten nur etwa ein Drittel ihrer Kaufkraft ein.

Doch es gab auch Gewinner. Wer auf Pump Sachwerte wie Häuser, Land und Fabriken gekauft hatte, war schon bald seiner Schulden enthoben. Die vor dem Beginn der Hyperinflation geliehenen Millionen konnten mit einem einzigen Geldschein getilgt werden, selbst wenn der nicht einmal mehr für den Kauf eines Pfund Butter gereicht hätte. Besonders reich wurden die mit besonders großen Schulden. Die Liste der Industriellen, die ihr Glück in den Inflationsjahren gemacht haben, reicht von Otto Wolff, Friedrich Flick, Hugo Herzfeld bis Alfred Hugenberg. Als sagenhaft galt aber der Reichtum von Hugo Stinnes, der damals einen Ruf hatte wie heute Warren Buffett. Stinnes baute einen für damalige Verhältnisse riesigen Mischkonzern auf und war unter anderem Großaktionär der Rheinisch-Westfälischen Elektrizitätswerke (RWE).

Größter Schuldner und größter Nutznießer der Geldentwertung war aber der deutsche Staat, der seiner Inlandsschulden ledig war. Allerdings hatte der Finanzminister Hermes im Januar 1923 das zweifelhafte Vergnügen eines Etats über sage und schreibe 3.500 Milliarden Reichsmark. „Deutschland entwickelt sich zu einem Volk von Millionären", berichtete der spanische Journalist Eugeni Xammar seinen Lesern. Und es sei natürlich, dass der Finanzminister eines Volks von Millionären sich nicht mit einem Haushalt von weniger als dreieinhalb Billionen zufriedengibt. „In seiner gestrigen Rede ließ Dr. Hermes sich gar nicht erst dazu herab, den Mund aufzutun, um von weniger als fünfzig Milliarden zu sprechen." Zweifelhaft war das Vergnügen aber dennoch, weil die riesige Summe den mageren Gegenwert von nur 140 Millionen amerikanischen Dollar hatte. Selbst das arme und kleinere Spanien verfügte über einen höheren Etat als Deutschland.

Längst hatte sich der Dollar als Parallelwährung etabliert und bestimmte den Rhythmus der Wirtschaft. Jeder Einkauf, jede Investition, ließ sich nur nach einem Blick auf den Devisenkurs beurteilen. „Einen befreundeten Spekulanten anrufen und ihn fragen, wie die Mark im Augenblick steht, ist ganz einfach, denn in Berlin sind im Augenblick alle Freunde Spekulanten und lassen den Dollar nicht eine Sekunde aus den Augen", berichtete der Spanier Xammar. Und die Spekulanten sahen den Wert der Mark fallen. Vor dem Krieg kostete ein Dollar 4,20 Reichsmark, Anfang 1919 gut 8 Mark. Bis Anfang 1922 stieg der Dollarkurs auf knapp 200 Reichsmark, am Ende des Jahres zahlten die Deutschen rund 7.500 Reichsmark für einen Dollar.

Die Abwertung der Mark – die noch schneller fiel, als die Preise stiegen – führte dazu, dass Ausländer und Besitzer von Fremdwährungen wie die Könige lebten. Ernest Hemingway berichtete von einem luxuriös verbrachten Tag in Kehl am Rhein. Für sich und seine Frau brauchte er dafür den Gegenwert von 90 kanadischen Cent. „Da die Zollbestimmungen sehr streng sind", schrieb Hemingway, „können die Franzosen nicht nach Kehl kommen und all die billigen Waren aufkaufen, was sie gern täten. Aber sie können herüberkommen und essen. Es ist schon sehenswert, wie der Mob jeden Nachmittag die deutschen Konditoreien und Cafes stürmt."

Den Tiefpunkt erreichte die deutsche Währung Ende des Jahres 1923. Frankreich hatte im Streit über die Reparationen das Ruhrgebiet besetzt. Die Reichsregierung finanzierte den passiven Widerstand und verschärfte damit die Krise. Schließlich stieg der Kurs des Dollar auf 4.200.000.000.000 Reichsmark.

Beendet wurde die deutsche Hyperinflation erst mit der Einführung der Rentenmark, die von der eigens dafür gegründeten Deutschen Rentenbank von November 1923 an ausgegeben wurde. Zugleich endete auch der exzessive Einsatz der Notenpresse. Nachfolgeinstitut der Rentenbank ist übrigens die Landwirtschaftliche Rentenbank, die sich heute um die Finanzierung der deutschen Landwirtschaft verdient macht. Die grundsolide Bank ist vom deutschen Staat garantiert, weshalb sie genau wie Deutschland eine erstklassige Bonität hat. Und man möchte der Bank und den Deutschen wünschen, dass sich daran nie etwas ändert. Auf dass der Euro nicht auch eines Tages als skurriles und wertloses Überbleibsel einer Inflation auf dem Speicher endet.

Ein verheerendes Erdbeben

Stephan Finsterbusch

Das Desaster begann mit einem kurzen Satz. Als Japans Finanzminister Naoharu Kataoka am 14. März 1927 vor dem Parlament stand, sprach er erst von Deflation, dann vom Goldstandard und schließlich von drohenden Schieflagen vieler Banken. Die Opposition war alarmiert. Sie zettelte eine Debatte an und verschärfte den Ton. Der Minister zeigte Nerven. Nach einem stundenlangen Wortgefecht verlas er wutentbrannt eine ihm gerade ans Rednerpult gereichte Notiz: „Heute Mittag ging Tokios Watanabe-Bank pleite." Die Abgeordneten waren geschockt.

Schon im Januar waren in Tokio fünf Sparkassen bankrott gegangen. Mit Watanabe sollte nun eine Großbank am Ende sein. Damit stand Japan vor der schwersten Finanzkrise seiner Geschichte. In ihrem Verlauf verschwanden vierhundert Banken vom Markt, 10 Prozent aller Spareinlagen wurden ausgelöscht, ein Fünftel des Nationaleinkommens zur Rettung der Branche eingesetzt, und eine Regierung trat zurück. Am Tag nach Kataokas fatalem Satz geriet Tokio in Panik. An der Börse stürzten die Kurse, auf den Straßen tobte die Menge. Binnen einer Woche schlossen zwölf Institute ihre Tore, einen Monat später waren alle Banken dicht.

Zu dieser Zeit war schon die zweite Krisenwelle herangerollt. Ende März kappte die Bank von Taiwan der Suzuki

Shoten Co. alle Kreditlinien. Damit verlor das größte Handelshaus Japans seine Hausbank. Die Bank von Taiwan war sowohl als Zentralbank für das von Japan kolonialisierte Taiwan wie auch als Geschäftsbank für japanische Unternehmen tätig. Sie hatte den Suzukis im Ersten Weltkrieg den Aufstieg von einer Kaufmannsfamilie zu einem Handelsimperium finanziert.

In den zwanziger Jahren stieg Suzuki in den kapitalintensiven Schwermaschinenbau ein. Das Unternehmen verfünffachte die Schulden und machte riesige Verluste. Das schlug auf die Bank von Taiwan durch. Bestand ihr Kreditbuch doch zur Hälfte aus Darlehen an Suzuki. Noch im Januar hatte Naokichi Kaneko, der Chef des Handelshauses, erklärt: „Die können uns gar nicht versenken." Er sollte sich täuschen. Die Banker aus Taipeh verloren im Februar 1927 am Tokioter Geldmarkt ihre Glaubwürdigkeit. Sie konnten daher keine frischen Mittel mehr aufnehmen und an Suzuki weiterreichen. Anfang April kollabierte das hochverschuldete Handelshaus.

Damit stand die Bank von Taiwan vor dem Aus. Zur Stützung des für die expansive Außenpolitik Japans wichtigen Instituts plante das Finanzministerium einen millionenschweren Notfonds. Den sollte die Bank von Japan finanzieren, die Regierung garantieren und der Kaiser legalisieren. Der geheime kaiserliche Staatsrat verweigerte die Zustimmung. Das Kabinett des liberalen Regierungschefs Wakatsuki trat Mitte April zurück. Stunden später schloss die Bank von Taiwan die Türen. Ihr folgten die Oumi- und die Jugo-Bank, die die Konten des Kaiserhofs verwaltete.

Nun gab es kein Halten mehr. Bis Ende des Monats machte landesweit eine Bank nach der anderen dicht. Im Inselreich wurden fast alle der 1.600 Banken geschlossen. Davon sollte ein Viertel nicht wieder öffnen. Das Land befand sich im finanzpolitischen Ausnahmezustand. Die konservative Seiyukai-Partei übernahm die Regierung und stellte ihre erste Garde ans Steuer der Macht. Finanzminister wurde der ehemalige Ministerpräsident Korekiyo Takahashi. An die Spitze der Bank von Japan rückte Junnosuke Inoue, der schon zu Beginn der Zwanziger Gouverneur der Zentralbank und Retter damals schwer angeschlagener Privatbanken gewesen war.

Zunächst erwirkte der Finanzminister ein dreiwöchiges Schuldenmoratorium. Dann holte Notenbankchef Inoue zur Rettung der Bank von Taiwan und zur Stützung der Finanzbranche den Plan seines Vorgängers hervor. Die Tokioter Zentralbank – eine Gesellschaft des öffentlichen Rechts, deren Kapitalanteile bis heute jedoch zur Hälfte bei Privatinvestoren liegen – sollte ohne Rücksicht auf Verluste die Rolle als letzter Retter in der Not spielen. Inoue schoss massiv Kapital in die Bank von Taiwan, gründete für angeschlagene Geschäftsbanken eine Auffanggesellschaft, erzwang sich Einblick in deren Bücher und warf die Notenpresse an.

Bis zum Sommer pumpte die Bank von Japan Hunderte Millionen Yen in die Branche. Überdies drängte Gouverneur Inoue auf Reformen. Kannte er doch die Schwächen des Systems. Japans Institute waren eng mit ihren Großkreditnehmern aus Industrie und Handel verflochten. Sie hatten im Ersten Weltkrieg deren Expansion finanziert, aber eine dünne Eigenkapitalbasis und kein Risikomanagement. Solange die Wirtschaft wuchs, ging alles gut. Als Tokio jedoch im Oktober 1919 entschieden hatte, Amerika bei der Rückkehr zum Goldstandard der Vorkriegszeit zu folgen, begannen die Probleme.

Um die alte Wechselkursparität wiederherzustellen, mussten die Notenbanker das in den Jahren von Kriegsproduktion und Hochkonjunktur im Land verdoppelte Preisniveau halbieren, Kapazitäten reduzieren und den Yen stabilisieren. Dafür hoben sie den Leitzins auf den historischen Höchststand von 8 Prozent und beschnitten das Kreditwachstum der Banken. Das zeigte Wirkung. Die Konjunktur kühlte sich ab, und die Preise sanken. Allerdings führte die gezielte Deflationspolitik der Notenbank dazu, dass viele Unternehmen unter der wachsenden Last ihrer Schulden begraben wurden. Damit türmten sich in den Bilanzen der Banken die faulen Kredite. Die Zentralbank sah sich gefordert. Allein 1920 half sie fast zweihundert angeschlagenen Instituten mit Bürgschaften. Jahre später wird Gouverneur Inoue in einem Gespräch mit dem Chef des amerikanischen Bankhauses J.P. Morgan sagen: Diese Geldschwemme sei ein Fehler gewesen, sie habe die Branche in falscher Sicherheit gewogen und das Chaos von 1927 verursacht. Was Inoue nicht sagte, war, dass die Bank von Japan vier Jahre davor ihre Deflationspolitik abermals zu unterbrechen und die Liquiditätsschleusen weit zu öffnen hatte.

Im September 1923 war Tokio von einem schweren Erdbeben erschüttert worden, das 140.000 Menschen das Leben kostete und große Teile der Stadt vernichtete. Der Sachschaden bezifferte sich auf 6 Milliarden Yen – die Hälfte der Wirtschaftsleistung des Landes. Für den Neuaufbau nahm die Regierung im Ausland hochverzinste Kredite von 500 Millionen Yen auf. Die Zentralbank musste nach einer kaiserlichen Order den Finanzmarkt stützen und alles rediskontieren, was ihr von Tokioter Unternehmen und Banken an Wechseln vorgelegt wurde.

So nahm sie bis März 1924 für 430 Millionen Yen Handelswechsel minderer Qualität in ihre Bücher und stempelte sie als Erdbebenanleihen ab. Die Papiere hatten eine Laufzeit von zwei Jahren, mussten mehrmals prolongiert und mit Staatsgarantien protegiert werden. Dennoch saß die Zentralbank Ende 1926 auf einem Berg uneingelöster Anleihen im Wert von 200 Millionen Yen. Die Hälfte der Summe ging allein auf das Konto von Suzuki Shoten. Das Handelshaus hatte die Gunst der Katastrophenstunde massiv genutzt, schlechte Wechsel in sichere Erdbebenanleihen und gutes Geld umzumünzen.

 Im Januar 1927 war die Geduld der Notenbanker am Ende. Sie drehten der Bank von Taiwan vorübergehend den Geldhahn zu und machten Druck auf Suzuki. Das Finanzministerium gab Schützenhilfe. Zudem erarbeitete es eine Reform der Bankgesetze. Man wollte die Eigenkapitalvorschriften der Institute verschärfen, Marktkontrollen erhöhen, einen Einlagensicherungsfonds gründen und Fusionen forcieren. Darüber kam es im März im Parlament zu heftigen Debatten. Dabei rückte der mittlerweile amtierende Finanzminister Naoharu Kataoka ins Kreuzfeuer.

Seine Kritiker beschuldigten ihn, nahestehende Unternehmen mit Staatsgeldern vor dem Untergang zu schützen. Kataoka fühlte sich verunglimpft, verlor die Beherrschung und verkündete die Pleite der Watanabe-Bank. Später wird er sagen, er habe allenfalls den Ernst der Lage schildern und nicht „die Todesstrafe über ein lebendes Institut" verhängen wollen. Denn technisch gesehen, war das Bankhaus nicht am Ende. Das Institut hatte Liquiditätslücken, doch die konnte es immer wieder schließen. Dennoch teilte es die Engpässe den Behörden mit.

Während der Sitzung des Budgetausschusses am Nachmittag des 14. März 1927 reichte ein Finanzbeamter eine zweideutig formulierte Notiz über die Lage von Watanabe seinem Minister in dem Augenblick weiter, in dem der vor der Opposition Rede und Antwort stand. Am Tag nach seinem fatalen Satz entschied die Industriellenfamilie

Watanabe, ihre Bank zeitweise zu schließen, um einen Ansturm panischer Kunden zu verhindern. Das ging schief. Das Unheil nahm seinen Lauf.

Der Börsenkrach von 1929

Hanno Mußler

„Um halb elf war die Börse von blinder, hoffnungsloser Angst erfüllt“, berichtet der Ökonom John Kenneth Galbraith in seiner Chronik über den 24. Oktober 1929, der in Amerika als schwarzer Donnerstag und in Europa mit einem Tag Verzögerung als schwarzer Freitag in die Geschichtsbücher einging. Draußen in der Wall Street muss die Polizei für Ordnung sorgen: Aktien werden für ein Butterbrot verkauft, Menschentrauben fordern den Selbstmordsprung eines Arbeiters, der auf dem Dach einer Wall-Street-Bank Reparaturen ausführt.

Drinnen in der Börse rattern die überlasteten Fernschreiber. Wild gestikulierende Makler fordern von ihren Kunden Nachschüsse auf kreditfinanzierte Anlagen und arbeiten entnervt eine Lawine an Verkaufsaufträgen ab. An den nächsten Tagen steigert sich die Panik noch – trotz etlicher Beschwichtigungsversuche, gepaart mit Stützungskäufen ranghoher Banker. Am Dienstag, dem 29. Oktober 1929, erreicht die Verkaufswelle ihren Höhepunkt. In der ersten halben Stunde des Handels wechseln 3,2 Millionen Aktien ihren Besitzer. Einige Aktien mit zuvor dreistelligen Kursen finden erst für einen oder für zwei Dollar einen Abnehmer. Drei Jahre später sind 89 Prozent der im Jahr 1929 in der Spitze erreichten Marktkapitalisierung vernichtet.

Dem Crash vorausgegangen war eine große Spekulation, fußend auf dem Optimismus und dem Aufschwung der goldenen Zwanziger. Das Fließband ermöglichte die Massenproduktion von Autos, auch das neue Medium Radio beflügelte die Träume der Börsianer. Der Kurs der Radio Corporation of America (RCA) stieg von Mitte der zwanziger Jahre bis 1929 von 5 auf 500 Dollar. 1932 hatte die RCA-Aktie 98 Prozent des Wertes verloren, viele Hersteller von Radioempfängern hatten Konkurs angemeldet. Auf dem Höhepunkt der Börsenhausse jubelte Herbert Hoover noch: „Wir sind dem endgültigen Sieg über die Armut heute näher als nie zuvor in unserer Geschichte."

Der Lebensstandard war indes schneller als die Einkommen gewachsen. Nur Kundenkredite und Ratenkäufe hatten den Konsum in diesem Ausmaß möglich gemacht. Doch nicht nur der kleine Mann versuchte dank großzügiger Kreditvergabe der Banken den Weg vom Tellerwäscher zum Millionär. Auch an der Börse wurde viel auf Kredit gekauft. Vor allem die damals neuen Investment-Trusts arbeiteten oft wie heute Hedge-Fonds mit 80 Prozent Fremdkapital.

Lange Zeit waren Investment-Trusts an der Wall Street verdächtig gewesen, berichtet Galbraith in seiner Chronik. Briten und Schotten spotteten schon, Amerika habe einen Trend „zum Reichwerden" verschlafen. Erst am Jahresanfang 1929 wurden Investment-Trusts in Amerika börsenfähig. Banken, Makleragenturen und Effektenhändler gründeten dann fast täglich Investment-Trusts und führten sie an die Börse. Selbst Dienstmädchen und Taxifahrer erwarben Anteile der Fonds, die mit den erhaltenen Geldern ein angeblich wohlausgewogenes Paket von Aktien kauften. Auf diese Weise sollte das Risiko für den unerfahrenen Spekulanten auf ein Minimum reduziert werden. Eigentlich eine gute Idee, die aber am Anfang ihrer praktischen Umsetzung zu Exzessen führte.

Nicht nur, dass diese Investment-Trusts oft betrügerische Neugründungen finanzierten. Sie konnten auch mehr Aktien alter Unternehmen verkaufen, als an der Börse angeboten wurden – und so deren Wert aufblähen. Anfang 1927 gab es etwa 160 Investment-Trusts; Ende 1927 waren es schon 300. Zwei Jahre später 750, davon eine große Anzahl, die von anderen Investment-Trusts gegründet worden waren. 1927, als sie ihre Tätigkeit aufnahmen, verkauften sie Aktien im Werte von 440 Millionen Dollar. 1929 setzten sie schätzungsweise 3 Milliarden Dollar um. Das war nicht weniger als ein Drittel des in jenem Jahr in Umlauf gekommenen Kapitals.

Einer der damals schillerndsten Investment-Trusts war der von Goldman Sachs. Die Investmentbank gründete ein Jahr vor dem Börsencrash erstmals ein derartiges Vehikel, die Goldman Sachs Trading Corp. Sie versteifte sich darauf, vorzugsweise eigene Aktien zu kaufen und so den eigenen Kurs zu befeuern. Im Monatstakt wurde durch die Ausgabe neuer Aktien neues Kapital eingesammelt, bis das

Kartenhaus schließlich mit dem Crash und der sich anschließenden dreijährigen Baisse zusammenstürzte. Eine Wertpapieraufsicht im heutigen Sinne gab es damals nicht. Die Securities Exchange Commission (SEC) wurde erst in Reaktion auf den Crash von 1929 geschaffen.

Umstritten ist, ob die Marktteilnehmer an der Börse damals auf die sich abschwächende Konjunktur vorausschauend reagierten oder ob sie die Weltwirtschaftskrise mit ihren Panikverkäufen erst entscheidend auslösten. Unstrittig ist jedoch, dass die folgenden Bankenpleiten viel Elend in der Welt angerichtet haben. Die amerikanische Zentralbank, die den Diskontsatz 1928 um insgesamt 150 Basispunkte und 1929 um 100 Basispunkte erhöht hatte, senkte den Inter-Banken-Zins von 6,25 im Oktober 1929 bis auf 4,5 Prozent im November. Dennoch gingen zwischen 1929 und 1933 rund 40 Prozent der amerikanischen Banken pleite.

Auch in Europa gingen zahlreiche Banken insolvent. Viele Bankkunden verloren ihre Einlagen. Denn Kundengelder waren anders als heute nicht geschützt. Es kam zu einem Teufelskreis: 1930 brach der Konsum ein. Die Arbeitslosigkeit stieg. Die Steuereinnahmen gingen zurück. Amerika erhob Zölle zum Schutz seiner Industrie von 60 Prozent; außerdem zog es seine Kredite aus Europa zurück, mit deren Hilfe zum Beispiel Deutschland seine Reparationszahlungen an Frankreich und England nach dem Ersten Weltkrieg beglich. Spätestens damit war die Krise in Europa angekommen.

In Deutschland verfolgte Reichskanzler Heinrich Brüning das Ziel, trotz der wegbrechenden Steuereinnahmen einen ausgeglichenen Haushalt vorzulegen. Nach klassischen ökonomischem Rezept kürzte er Sozialleistungen und öffentliche Aufträge; der Wirtschaftsabschwung verschärfte sich. Im Winter 1931/32 und 1932/33 waren mehr als 6 Millionen Menschen in Deutschland arbeitslos. Auch dies brachte im Januar 1933 die Nazis an die Macht. In Amerika verlor Präsident Herbert Hoover 1933 die Wahl. Sein Nachfolger Franklin D. Roosevelt versuchte sich an der sozialen Befriedung des Landes mit einem neuen Rezept, dem „New Deal". Die Idee dahinter stammte vom britischen Ökonomen John Maynard Keynes: In Zeiten von Investitionszurückhaltung trotz niedriger Zinsen muss der Staat anstelle der Unternehmen investieren und ein höheres Staatsdefizit in Kauf nehmen, um Arbeitsplätze zu sichern und die Konsumnachfrage anzukurbeln. In guten Wirtschaftszeiten soll sich der Staat wieder zurückziehen und sparen.

Nach der Analyse des Ökonomen Milton Friedman, der Keynes' Ideen ablehnte, hatte es die amerikanische Notenbank versäumt, während des Crashs 1929 den Markt aggressiv mit Liquidität zu versorgen – ein Versäumnis, das der Depression der dreißiger Jahre Vorschub geleistet habe. Daher sind amerikanische Notenbankchefs wie Alan Greenspan und heute Ben Bernanke seitdem bemüht, diesen Fehler nicht mehr zu begehen.

Die große Silberspekulation

Steffen Uttich

Der Plan war kühn, die Durchführung konsequent: Auf dem Höhepunkt ihrer Spekulation im Jahr 1980 nannten die Hunt-Brüder Nelson Bunker und William Herbert über die Hälfte der amerikanischen Vorräte an Silber ihr Eigen – das entsprach zur damaligen Zeit 15 Prozent der weltweiten Vorräte. 6,6 Milliarden Dollar hatten sie sich die Kontrolle über den Preis für das Edelmetall kosten lassen und schienen ihn tatsächlich nach Belieben bewegen zu können. Nur mit einer Sache hatten sie nicht gerechnet: Dass während des Spiels die Spielregeln geändert werden könnten. Das brachte ihr kühnes Vorhaben letztlich zum Einsturz.

Als Sprösslinge der texanischen Wirtschaftslegende Haroldson Lafayette Hunt wuchsen Nelson und William auf. Ihr Vater hatte den sprichwörtlichen Sprung vom Tellerwäscher zum Milliardär geschafft. In jungen Jahren zog er als Holzfäller und Pokerspieler durchs Land. Eines Tages, so geht die Legende, gewann er im Spiel eine wertvolle Ölkonzession. Es war der Einstieg in ein Geschäft, das seinen Wagemut belohnte und ihn zu einem der reichsten Männer Amerikas machte.

Zunächst versuchten Nelson und William Hunt, in die Fußstapfen des Patriarchen zu treten und an den Erfolg im Ölgeschäft anzuknüpfen. Doch vor allem Nelson schien im

Laufe der Zeit immer mehr die Aussicht zu locken, aus dem Schatten des berühmten Seniors herauszutreten. Schließlich hatte der ihn lange Zeit als Versager abgestempelt. Öl blieb zwar die wichtigste Einnahmequelle der Familie. Silber war es aber, das den Aufbruch in ganz neue Dimensionen verhieß.

Anfang der siebziger Jahre traten die Hunt-Brüder mit Nelson als treibende Kraft erstmals sichtbar als Käufer am Silbermarkt auf – ein enger Markt, von Produktionsdefiziten geprägt, dem aber in Zeiten hoher Inflation eine zunehmende monetäre Rolle des Edelmetalls angehängt werden konnte. Trotzdem hinterließ der erste Versuch keine große Wirkung. Erst beim zweiten Anlauf ab Mitte der siebziger Jahre wagten sie es, das ganz große Rad zu drehen – nach dem Tod des Familienpatriarchen.

Die gewünschte Eigendynamik entfaltete sich spürbar ab 1978. Von weniger als 5 Dollar für eine Unze Silber ging der Preis über 16 Dollar im Jahr 1979 in immer schnellerer Geschwindigkeit auf die 50 Dollar zu. Das Vorgehen der Hunts war dabei ungewöhnlich für spekulativ orientierte Anleger. Sie erwarben nicht nur das Silber auf dem Papier, sondern ließen sich das Edelmetall auch liefern. Die Geschichte machte die Runde von einem Nelson Hunt, der vor drei Boeing 707 auf dem Rollfeld des New Yorker Flughafens steht – voll beladen mit über 1.000 Tonnen Silber, die er auf den Weg in die Schweiz schickt.

Mit diesem ungewöhnlichen Vorgehen wurde die angestrebte Knappheit auf jeden Fall spürbar und fand nicht nur in irgendwelchen Handelsbüchern statt. Die Vorräte gingen zur Neige. Es kam sogar zu Lieferproblemen. Rund um den Jahreswechsel 1979/80 wurde die Lage an den großen amerikanischen Warenterminbörsen in Chicago und New York immer bedrohlicher. Ein Handel in geordneten Bahnen schien nicht mehr möglich zu sein. Der Preis stieg auf unglaubliche 50 Dollar.

Schließlich platzte den Verantwortlichen der New Yorker Rohstoffbörse Comex der Kragen. Die Situation wurde als so ausweglos empfunden, dass sie in ihrer Not am 21. Januar 1980 zu einer ungewöhnlichen, bis dahin noch nie gesehenen Maßnahme griffen: Sie verboten schlicht den Kauf von Silber in größeren Mengen. Von diesem Tag an waren nur noch Verkäufe erlaubt. Gleichzeitig erhöhten sie drastisch die geforderten Sicherheitseinlagen auf Terminkontrakte für Silber.

Bis heute ist dieses Vorgehen umstritten. Auf jeden Fall brachte die Änderung der Spielregeln aber das Spekulationsgebilde der Hunt-Brüder unweigerlich zum Einsturz. Der Preis für eine Unze Silber fiel innerhalb kürzester Zeit auf 11 Dollar zurück. Ende März 1980 waren die Hunts nicht mehr in der Lage, ihren Nachschussverpflichtungen nachzukommen. Alle ausstehenden Terminkontrakte wurden daraufhin liquidiert. Das große Rad, das sie drehten, fuhr sich fest.

Dass das darauffolgende Beben nicht auf den überschaubaren Silbermarkt beschränkt blieb, sondern auf sämtliche Kapitalmärkte ausstrahlte, kam gleichwohl überraschend. Mit den Hunt-Brüdern waren viele Trittbrettfahrer unterwegs gewesen, die ihre Silberkäufe nicht selten mit Krediten finanziert hatten. Als ihnen mit den fallenden Kursen das Geld knapp wurde, schwappte die Krise auf die anderen Märkte über. Besonders sichtbar wurde dies am Aktienmarkt, wo die Kurse im Frühjahr 1980 in den Keller rauschten. Tatsächlich sah es wochenlang so aus, als ob führende amerikanische Brokerhäuser in den Ruin schlittern könnten.

Schließlich fühlte sich auch der Chef der amerikanischen Notenbank Paul Volcker zum Eingreifen genötigt. Um die Märkte wieder zu beruhigen, bemühte er sich um das Zustandekommen eines langfristigen Kredits über 1,1 Milliarden Dollar an die Hunt-Brüder, damit diese ihren Zahlungsverpflichtungen weiter nachkommen konnten. „Eine Milliarde Dollar ist auch nicht mehr das, was sie einmal war", lautet eine Bemerkung von Nelson Hunt aus dieser Zeit.

Die Auslöser der Silberspekulation selbst bestreiten hartnäckig, dass sie den Markt manipulieren wollten. Nelson Hunt sprach vielmehr davon, dass er sich gegen die galoppierende Geldentwertung in den siebziger Jahren schützen wollte. Gleichwohl versuchte er kurz vor dem Ausbruch der Krise 1980 in mehreren Interviews, den Silberpreis nach oben zu reden. Von bedeutenden Käufern aus Arabien raunte er. Von einer zwischenzeitlichen Korrektur, die sich später einmal als günstige Kaufgelegenheit herausstellen werde. Gefragt nach der Menge an Silber, die er eigentlich besitze, blieb er ebenfalls im Ungefähren: „Über das eigene Geld zu reden ist nicht nur schlechtes Benehmen, sondern bringt auch Pech.“ Die Zurückhaltung hat ihm trotzdem nichts genützt.

Vor dem Hintergrund des Debakels der Hunt-Brüder konnte die amerikanische Notenbank mit Volcker an der Spitze ihre Lieblingsrolle als zuverlässige Feuerwehr für die Finanzmärkte spielen. Der Flächenbrand an der Wall Street war rasch eingedämmt. Nur der Silberpreis bewegte sich unentwegt weiter abwärts in die Richtung, aus der er Mitte der siebziger Jahre gekommen war. Die Akteure an den Finanzmärkten sind seither jedenfalls gewarnt, es mit dem Versuch von Preismanipulationen nicht zu weit zu treiben. Ein Markt lässt sich langfristig nicht unter Kontrolle bringen, so eng er auch sein mag. Wird eine Schmerzgrenze überschritten, werden Kräfte freigesetzt, die sich zuvor nicht einmal ansatzweise erahnen lassen. Die Finanzkrise im Frühjahr 1980 wurde bewusst herbeigeführt, um die Funktionsfähigkeit des Silbermarktes zu gewährleisten. Das war die Schmerzgrenze, die die Hunt-Brüdern übersehen hatten. Ungewöhnliche Umstände rufen nach ungewöhnlichen Maßnahmen.

Im Jahre 1985 verkauften die Hunt-Brüder ihre letzte Silber-Position. Es folgte eine Flut von Schadenersatzklagen.

1988 wurden sie von einem Bundesgericht in New York zur Zahlung von 130 Millionen Dollar an eine Handelsfirma aus Peru verurteilt. In diesem Verfahren ist eine „Verschwörung zur Monopolisierung des Silbermarktes" festgestellt worden. Nelson und William mussten sich sogar sagen lassen, sie hätten Gangstermethoden angewandt. Ein Jahr später folgte die Bankrotterklärung. Von einem geschätzten Vermögen über 10 Milliarden Dollar Ende der siebziger Jahre blieben letztlich etwa 3 Millionen Dollar übrig. Seither widmen sich die Hunt-Brüder in aller gebotenen Zurückhaltung dem Geschäft, das die Familie wohl doch am besten versteht – dem Öl.

Der elektronische Börsenkrach

Benedikt Fehr

Die Nervosität hatte sich über Wochen aufgebaut, am 19. Oktober 1987 entlud sie sich in einem ungeheuren Kursgewitter: An diesem „Schwarzen Montag" verlor der Dow-Jones-Index 22,6 Prozent – der mit Abstand größte Tagesverlust aller Zeiten. Nach den Erkenntnissen der amtlichen Untersuchungskommission unter dem ehemaligen Finanzminister Nicholas Brady trug zu dem Kurssturz vor allem ausgerechnet eine Finanzstrategie bei, die den Investoren eigentlich Schutz vor Einbußen hätte gewährleisten sollen: die sogenannte Portfolio Insurance.

Das Konzept der Portfolio Insurance baut auf dem finanzmathematischen Modell zur Bewertung von Aktienoptionen auf, das die Ökonomen Fischer Black und Myron Scholes 1973 veröffentlicht haben. Demnach lässt sich ein Aktienportefeuille mit geringen Kosten so steuern, dass es an Kurssteigerungen teilnimmt, gleichzeitig aber gegen Einbußen abgesichert ist – ähnlich wie über den Erwerb einer normalen Verkaufsoption. Eine Konsequenz des Modells ist freilich, dass die Manager von „versicherten" Portefeuilles Aktien nach einer bestimmten Formel in größerem Stil verkaufen müssen, wenn die Kurse fallen. Die Steuerung des Portefeuilles wird weitgehend auf Computer übertragen, die die Börsenkurse fortlaufend überwachen und dann gegebenenfalls automatisch Kauf- oder Verkaufsaufträge auslösen und elektronisch an die Börsen weiterleiten.

In den achtziger Jahren gingen einige Investmentbanken dazu über, das Konzept aggressiv zu vermarkten – und fanden damit bei institutionellen Anlegern Anklang. Denn zum einen waren die Aktienkurse in Amerika seit 1982 kontinuierlich gestiegen, angetrieben – ähnlich wie bis vor kurzem in diesem Jahrzehnt – von einer Übernahmewelle. Allein von Anfang 1987 bis zum August des Jahres gewann der Dow-Index mehr als 40 Prozent. Viele Anleger wollten diese Kursgewinne absichern, zumal es zu immer größeren Spannungen im internationalen Finanzsystem kam. Im Februar 1987 einigten sich die großen Industrienationen auf den „Louvre-Akkord". Er sollte den Dollar durch eine international abgestimmte Geld- und Fiskalpolitik stabilisieren.

Doch die „Kollaboration" hielt nicht lange. Mit Blick auf die anschwellende Geldmenge und den sich aufbauenden Inflationsdruck sträubte sich die Bundesbank gegen den ihr zugedachten Part, Dollar in großem Stil anzukaufen. Sie hob im Oktober 1987 ihren Leitzins leicht an. Der damalige amerikanische Finanzminister James Baker kritisierte dies mehrfach in scharfer Form – was die Nervosität an den Finanzmärkten steigerte. Anders als die Deutschen gaben die Japaner dem amerikanischen Dringen auf eine lockere Geldpolitik nach. Sie sollten es teuer bezahlen: Zwar erlebten japanische Aktien und Immobilien Ende der achtziger Jahre eine fulminante Hausse. Doch als die Blase platzte, folgte eine desaströse Baisse und allgemeine Deflation – unter deren Folgen die japanische Wirtschaft bis heute leidet.

Aufgrund der erhöhten Unsicherheit gerieten die Aktienkurse in Wall Street schon Anfang Oktober 1987 unter Verkaufsdruck, allein in der Woche vor dem Schwarzen Montag verloren sie rund 10 Prozent. Das ließ die automatisierten Handelsprogramme der Portfolio Insurance anspringen: Ihre Computer überfluteten vom 14. Oktober an sowohl die Aktienbörsen in New York als auch die Terminbörse in Chicago mit Verkaufsaufträgen. Das Wissen um die weite Verbreitung der Portfolio Insurance tat ein Übriges: Weil allgemein mit weiteren Verkäufen und entsprechendem Kursdruck gerechnet wurde, hielten sich die Käufer selbst auf dem ermäßigten Kursniveau zurück – der Markt trocknete teilweise aus.

Schon am Freitag vor dem Schwarzen Montag fiel der Dow-Index um mehr als 5 Prozent. Nach Schätzung der Brady-Kommission diktierten allein die Portfolio-Insurance-Modelle an diesem Tag Verkäufe im Gesamtvolumen von 12 Milliarden Dollar – von denen mangels Käufern weniger als 4 Milliarden Dollar ausgeführt werden konnten. So lagen am folgenden Montag gleich zu Handelsbeginn Verkaufsaufträge in Milliardenvolumen vor. Das war der Auftakt zu einem chaotischen Handelstag – nicht nur in Wall Street, sondern rund um den Globus. An der globalen Leitbörse New York Stock Exchange (Nyse) sahen sich die amtlichen Kursmakler („Specialists") zeitweise außerstande, überhaupt noch Kurse zu stellen, zumal die Computersysteme wegen Überlastung immer wieder ausfielen. Gleichwohl wechselten im Laufe des Tages mehr als 600

Millionen Aktien den Besitzer. Das war damals ein Rekordvolumen. Insgesamt verlor der amerikanische Aktienmarkt an diesem einen Tag 500 Milliarden Dollar an Wert. Ungezählte Investoren waren ruiniert.

Der amerikanische Notenbankchef Alan Greenspan, der sein Amt erst im August angetreten hatte, saß am Montagnachmittag, als sich der Kurssturz beschleunigte, auf dem Weg nach Texas im Flugzeug. Am nächsten Morgen reagierte er entschlossen: In einer bewusst trockenen Mitteilung – sie bestand aus einem einzigen Satz – versicherte die Fed, dass sie bereitstehe, das Finanzsystem und die Wirtschaft insgesamt mit Liquidität zu versorgen. Gerald Corrigan, der damalige Chef der Federal Reserve Bank in New York, setzte dies gleich in die Tat um: In persönlichen Gesprächen verpflichtete er die Spitzen der großen Banken und Maklerhäuser darauf, trotz der am Vortag erlittenen Verluste allen Zahlungsverpflichtungen nachzukommen – und verschaffte ihnen die dazu nötige Liquidität durch Ankäufe von Staatsanleihen in Milliardenvolumen. Zudem wurde den Unternehmen nahegelegt, die niedrigen Kurse zum Rückkauf eigener Aktien zu nutzen.

Das Rezept funktionierte. Zwar gaben die Aktienkurse am Dienstag noch einmal nach, doch danach stabilisierte sich der Markt. Das Gesamtjahr 1987 schloss Wall Street sogar mit einem Kursplus ab. Die massive Liquiditätszufuhr, der bald mehrere Leitzinssenkungen folgten, signalisierte den Investoren, dass die Fed die Lehren aus dem großen Börsenkrach von 1929 gezogen hatte: Nach der Analyse des Ökonomen Milton Friedman hatte es die Fed damals versäumt, den Markt aggressiv mit Liquidität zu versorgen – ein Versäumnis, das der Depression der dreißiger Jahre Vorschub leistete.

In den folgenden fast 20 Jahren an der Spitze der Fed hat Greenspan auf Börsenkrisen immer wieder nach diesem Muster – Zinssenkungen und Liquiditätszufuhr – reagiert, auch nach dem Platzen der Internetblase und den Terroranschlägen am 11. September 2001. Inzwischen mehrt sich aber Kritik an dieser Strategie, dem sogenannten „Greenspan-Put“. Denn wenn die Investoren davon ausgehen könnten, dass die Fed ihnen in einer Krise stets unter die Arme greife, verführe dies zu übergroßer Risikobereitschaft. Gleichwohl hat nun auch Greenspans Nachfolger Ben Bernanke auf die jüngste Krise wieder mit einer drastischen Senkung der Leitzinsen reagiert.

Die Ergebnisse der Brady-Kommission, welche die computergesteuerten Verkaufsaufträge der Portfolio Insurance als Hauptursache für den Schwarzen Montag ausmachte, fanden nur geteilte Zustimmung. Dennoch wurden einige ihrer Vorschläge, die einer Wiederholung vorbeugen sollen, umgesetzt. So gibt es an der Nyse seither Regeln, dass der Handel unterbrochen wird, wenn die Kurse stark fallen. Das soll den Maklern Gelegenheit geben, Aufträge abzuarbeiten, und den Investoren die Möglichkeit, ihre Aufträge zu überdenken.

Eine zweite Nyse-Regel, „Collar" (Halsband) genannt, schrieb vor, den computergesteuerten Programmhandel Beschränkungen zu unterwerfen, wenn sich das Kursniveau im Laufe eines Handelstages um mehr als 2 Prozent nach oben oder unten verschiebt. Der Programmhandel – heute unter dem Schlagwort „algorithmic trading" zusammengefasst – hat in jüngster Zeit gleichwohl enorm an Bedeutung gewonnen, und auch die Portfolio Insurance lebt in abgewandelter Form (Constant Proportion Portfolio Insurance, CPPI) fort, nicht nur an den Aktienbörsen, sondern auch an den Märkten für Rohstoffe, Anleihen und Kreditderivate. An der Nyse vorbei haben Investoren diese Programme zusehends über alternative Marktplätze abgewickelt. Die Nyse hat darauf reagiert: Im vergangenen Oktober hat sie die „Collar"-Handelsbeschränkung aufgehoben.

Im Zeichen der Kröte

Stephan Finsterbusch

Das Orakel hatte gesprochen, und das Orakel hatte gefehlt. Zwar war Nui Onoue wie jedes Jahr mit einer handverlesenen Schar hochrangiger Banker zum Neujahrfest im vierten Stock ihres Osakaer Restaurants zusammengekommen; zwar hatte sie wie immer ihre Hände auf den Kopf einer ein Meter hohen Keramik-Kröte gelegt, sich in Trance gebracht und ein paar Mantras gesprochen. Doch anders als in den drei Jahren zuvor sollte die Prophezeiung der 61 Jahre alten Wirtin dieses Mal völlig danebenliegen.

Während sie den Aktien an der Tokioter Börse auch für das gerade begonnene Jahr 1990 rasch steigende Kurse vorhersagte, fand sich ihre Kundschaft zwölf Monate später am unteren Ende der Glücksspirale wieder. Das richtungweisende Kursbarometer Nikkei rauschte binnen Jahresfrist 40 Prozent in die Tiefe, der Marktwert aller an der Tokioter Börse notierten Firmen verlor 232 Billionen Yen oder 1,4 Billionen Euro, die landesweiten Preise für Grundstücke sanken insgesamt um 200 Billionen Yen. Damit war die größte kreditfinanzierte Spekulationsblase der jüngeren Finanzgeschichte geplatzt.

Das zog noch Jahre später den Zusammenbruch mehrerer Großbanken wie LTCB nach sich; Brokerhäuser wie Yamaichi gingen unter; Kreditgenossenschaften und Hypothekenfinanzierer machten gleich reihenweise Pleite. Über das

Kaiserreich im Fernen Osten zogen Depression und Deflation. Wohlhabende Japaner brachten Teile ihrer Vermögen ins Ausland. Die Nettoauslandsguthaben verdoppelten sich bis 1996 auf umgerechnet 650 Milliarden Euro. Die zweitgrößte Volkswirtschaft der Welt schien am Boden.

Mit riesigen Konjunkturpaketen versuchte die Regierung, die Wirtschaft wieder auf die Beine zu stellen. Die Notenbank drückte den Leitzins 1995 auf null Prozent und flutete den Markt mit Liquidität. Darüber hinaus kündigte das Kabinett von Ryutaro Hashimoto zum April 1998 grundlegende Änderungen des Finanzsystems an. Allerdings sollte es vier weitere Jahre dauern, bis Teile seines sechs Kilogramm schweren, 2.100 Seiten dicken und als Big-Bang titulierten Reformplanes in die Tat umgesetzt werden und unter der Regierung von Ministerpräsident Junichiro Koizumi erste Ergebnisse zeigen konnte.

Denn die Kräfte der Beharrung im Land der aufgehenden Sonne waren groß. Hatte sich Nippons altes Wirtschaftssystem doch lange Zeit bewährt. Das im Weltkrieg weitgehend zerstörte Land war in nur zwei Dekaden zu einer der drei mächtigsten Wirtschaftsnationen der Welt aufgestiegen. Ausgehend von seiner korporatistischen Struktur mit staatlichen Zinsgarantien, geldpolitischen Kreditverteilungsquoten, einem hoch regulierten Finanzmarkt und einer exportorientierten Industriepolitik hatte Japan seit den fünfziger Jahren ein erstklassiges verarbeitendes Gewerbe aufgebaut.

Dabei hatten die auf den Kommandohügeln der Macht stehenden Beamten in den Ministerien für Internationalen Handel und Industrie (MITI) sowie Finanzen (MOF) Gesetze zur Hand, die nach Tokios Bankenkrach von 1927 und der Weltwirtschaftskrise drei Jahre später verabschiedet worden waren und ihnen die Kontrolle über die Entwicklung der Wirtschaft gaben. Dazu zählten die Vorschriften zur Verhinderung der Kapitalflucht, zur Kontrolle der Wechselkurse und der Verteilung von Finanzressourcen, das Gesetz zur Mobilmachung, zur Kriegsfinanzierung und zur Staatskontrolle der Zentralbank.

Darüber hinaus förderte Tokio das Zusammenrücken von Banken und Firmen zu Konglomeraten, erleichterte deren Überkreuzbeteiligungen und die Bildung hunderter Kartelle. Die Basis der Japan AG war gelegt. Bis Ende der sechziger Jahre wuchs die Wirtschaft jedes Jahr im zweistelligen Prozentbereich. Das machte Nippon nach Amerika und vor Deutschland zur zweitstärksten Volkswirtschaft der Welt. Auch die Aufkündigung des Finanzsystems von Bretton Woods mit seinen an den goldhinterlegten Dollar gekoppelten Wechselkursen durch die Amerikaner 1971, eine erste hausgemachte Spekulationsblase und die beiden Ölkrisen brachten Japan nicht aus der Spur.

Zwar stand die japanische Währung nun unter Aufwertungsdruck. Doch die Verteuerung von 360 Yen für einen Dollar auf 204 Yen im Jahr 1980 konnte die Industrie nicht bremsen. Vielmehr verdreifachte Japan im gleichen Zeitraum den Export in die Vereinigten Staaten auf 7,1 Billionen Yen. Als die Ausfuhren 1984 bei 14 Billionen Yen lagen, der Dollar durch die straffe Geldpolitik der Fed, Zinsen im amerikanischen Geldmarkt von 20 Prozent und einer anhaltend hohen Nachfrage nach Krediten weiter aufwertete, sah sich die Reagan-Administration gezwungen zu handeln.

Im September 1985 versammelte sie die Finanzminister der fünf größten Wirtschaftsnationen im New Yorker Hotel Plaza, ließ sie ein Abkommen zur gezielten Abwertung des Dollar unterschreiben und verpflichtete sie zu spezifischen Zielen: Amerika versprach die Schuldenreduzierung, Japan die Lockerungen der Geldpolitik und Reformen des Finanzsektors. Zwei Jahre später hatte Washington sein Defizit zwar nicht gesenkt, sondern auf 2,3 Billionen Dollar erhöht. Doch der Dollar war um die Hälfte abgewertet.

Im Gegenzug wertete der Yen auf. Um potentielle Export-Schocks durch die starke Währung zu dämpfen, startete die Bank von Japan wenige Wochen nach dem Abkommen eine lockere Geldpolitik. Unter Gouverneur Satoshi Sumita senkte sie den Leitzins von 5 auf schließlich 2,5 Prozent, verbreiterte die monetäre Basis um 9 Prozent im Jahr und die Quoten zur Vergabe von Bankkrediten um 12 Prozent. Darüber hinaus leitete Tokio über die Börse Privatisierungen wie die des Telekomgiganten NTT oder der Fluggesellschaft JAL ein und packte erste Deregulierungen des heimischen Finanzmarktes an.

So hatte Japan in der zweiten Hälfte der achtziger Jahre seine alten Devisen-, Wechselkurs- und Handelsgesetze in wichtigen Teilen gelockert, das Bankengesetz begonnen zu revidieren, ausländische Institute mit dem von ihnen gewünschten Geschäfts-Code sowie heimische Investoren mit Zugängen zu Märkten in Übersee versehen und Restriktionen von Euro-Yen-Anleihen sowie Euro-Yen-Krediten aufgehoben. Fortan konnten Japans Konzerne große Teile ihrer Investitionen leicht über die internationalen Finanzmärkte finanzieren.

Gemessen an den gehandelten Aktienwerten wurde die Tokyo Stock Exchange 1988 vor New York der größte Marktplatz der Welt. Der Nikkei legte jedes Jahr 30 Prozent zu. Der addierte Marktwert der börsennotierten Firmen vervierfachte sich. Japanische Aktien machten 42 Prozent des Wertes aller weltweit gehandelten Aktien aus. Das durchschnittliche Kurs-Gewinn-Verhältnis (KGV) überstieg den Wert von 60, die 1987 privatisierte Telekomgesellschaft NTT schaffte es gar auf 300.

Dem stand der Immobilienmarkt nicht nach. In Tokio verbuchten Grundstücksbesitzer Wertzuwächse von 50 Prozent im Jahr. Der Stadtteil Chiyoda wurde auf den Preis von ganz Kanada taxiert. Der Wert des als unverkäuflich geltenden Kaisergartens lag höher als der Kaliforniens. Mit dem Aufpusten der Spekulationsblase wuchs auch der Finanzsektor. Steckten doch die Banken gewaltige Summen in den Immobilienmarkt, trieben damit die

 Preise hoch und kreierten damit neue Beleihungswerte. Nahmen sie doch seit dem Bankencrash von 1927 bei Kreditgeschäften gern Grundstücke als Sicherheit in ihre Bücher.

Die Geschäftsbanken erhöhten allein in den achtziger Jahren ihre Vermögenswerte um 80 Prozent. 1990 kamen die ihrer Bilanzsumme nach zehn größten Finanzhäuser der Welt aus Nippon. Binnen eines halben Jahrzehnts hatten sie neue Aktien im Wert von 50 Milliarden Dollar ausgereicht und sich auf dem Euro-Dollar-Markt umgerechnet 1,5 Billionen Dollar geborgt. Damit stiegen sie in internationale Geschäfte wie die kreditfinanzierten Übernahme von RJR Nabisco durch KKR ein. Nomura griff auf mehr Kapital zu als die amerikanischen Konkurrenten Salomon, Lehman und Merrill Lynch zusammen.

Zu diesem Zeitpunkt hatten viele japanische Spekulanten die Zentralbank nicht mehr auf der Rechnung. Das war ein Fehler. Denn als Yasushi Mieno im Dezember 1989 Notenbankgouverneur wurde, kündigte er unverzüglich an, die Geldpolitik zu straffen, die Leitzinsen zu erhöhen und dem wilden Treiben an den Märkten ein Ende zu bereiten. Über die kommenden Wochen und Monate zurrte er die monetäre Basis nahe 40 Billionen Yen fest, kappte die Steigerung der Kreditquoten und hob den Diskontsatz auf 6 Prozent. Das zeigte Wirkung. Bis August hatte das Börsenbarometer Nikkei 10.000 Zähler, bis Dezember 16.000 Zähler verloren.

Den Spekulationen ging das Geld aus, kreditfinanzierte Börsengeschäfte schlugen fehl, die Banken blieben auf Bergen fauler Kredite sitzen. Die Vorstände brauchten zehn Jahre, eine Wirtschaftsdauerkrise, zwei Konsolidierungswellen, drei milliardenschwere Kapitalspritzen der Regierung und starken Druck seitens reformorientierter Bürokraten in Kabinett und Notenbank, um wieder Herr über ihre Bilanzen zu werden. Die Japan AG wurde aufgedröselt, das überkommene System der totalen Wachstumsmobilisierung um jeden Preis fallen gelassen.

Das MITI wurde mit den Administrationsreformen von 2001 zerschlagen. Die Zentralbank erhielt die lange Zeit schwer umkämpfte geldpolitische Unabhängigkeit. Die Postbank mit ihren billionenschweren Einlagen, das traditionelle Finanzinstrument der Tokioter Politik, wurde zur Privatisierung ausgeschrieben. Bei Banken wie LTCB, Yamaichi oder die Nippon Credit Bank stiegen amerikanische Investoren ein. Das Tokioter Finanzministerium verlor die Aufsicht über das Budget, die Banken und die Geldpolitik. Am Ende musste das einstmals mächtigste Ministerium des Inselreiches auch seinen altehrwürdigen Namen „Okurasho – Die große Magazin-Zentralbehörde" aufgeben.

Zur gleichen Zeit stand Nui Onoue vor ihren Richtern. Die nun schon etwas betagte Wirtin und Wahrsagerin aus Osaka war 1991 verhaftet worden. Im März 1998 erhielt sie ihr Urteil: zwölf Jahre Gefängnis. Die Richter sahen es als erwiesen an, dass sie sich mit falschen Einzahlungsbelegen und der Rückendeckung eines Angestellten ihrer Hausbank Kredite über umgerechnet gigantische 25 Milliarden Dollar von Finanzhäusern wie Japans Industrial Bank erschwindelt, damit am Aktienmarkt gehandelt und Kurse manipuliert hatte. So stieg sie zur größten Börsenspekulantin ihrer Tage auf. Gerüchte, dass hinter ihr ein Mafia-Syndikat stand, wurden nicht erhärtet. Onoue musste hinter Gitter – diese Kröte hatte sie zu schlucken.

Nobelpreisträger irren

Daniel Schäfer

Am Nachmittag des 23. September 1998 schrieb William McDonough Finanzgeschichte. Der etwas bullige Präsident des New Yorker Ablegers der amerikanischen Notenbank Fed hatte die Vorstandsvorsitzenden aller großen Wall-Street-Banken sowie die Repräsentanten der wichtigsten europäischen Kredithäuser in einem kleinen Konferenzraum der Notenbank-Filiale in Manhattan zusammengepfercht. Thema der Sitzung war nichts Geringeres als die Rettung des Weltfinanzsystems. Denn ein bis dahin der Allgemeinheit kaum bekannter Hedge-Fonds namens Long-Term Capital Management (LTCM) hatte sich dramatisch verspekuliert und drohte einen Kollaps des Bankensystems auszulösen.

LTCM war zu dieser Zeit mittels hochkomplexer Terminmarktkonstruktionen mit einem Eigenkapital von nur 2,2 Milliarden Dollar in Wertpapiergeschäfte verstrickt, die ein Nominalvolumen von atemberaubenden 1,25 Billionen Dollar hatten. Hätten sich die Banker nicht auf ein 3,6 Milliarden Dollar schweres Rettungspaket geeinigt, dann hätte der Untergang von LTCM einige dieser Kreditinstitute mit in die Tiefe reißen können. Doch auch so blieb LTCM ein Musterbeispiel für Selbstüberschätzung, für zu hohe Risiken durch maßlose Schulden – und dafür, wie sich renommierte Banker durch scheinbare Genies haben blenden lassen.

Knapp fünf Jahre zuvor war der Hedge-Fonds, bestückt mit der akademischen Elite der Finanzwissenschaft, an den Start gegangen. Der Gründer, John W. Meriwether, hatte schon zu seiner Zeit als Rentenhändler bei der – später mit der Citicorp verschmolzenen – amerikanischen Investmentbank Salomon Brothers zahlreiche „Eierköpfe" eingestellt: So nannten die Investmentbanker die von der Universität abgeworbenen Finanzwissenschaftler. Meriwether und seine Akademiker-Truppe setzten auf mathematische Zeitreihen und Modelle, mit deren Hilfe sie kleine Bewertungsunterschiede an den Rentenmärkten ausnutzten. Diese Arbitrage-Transaktionen brachten dem streng christlichen Rentenhändler und seiner Mannschaft sensationelle Erfolge, die eine Zeitlang einen Großteil des Gewinns von Salomon ausmachten.

Dann stolperte Meriwether über einen Skandal, den einer seiner Mitarbeiter auslöste. Der Händler Paul Mozer hatte sich unlauterer Geschäftsmethoden bedient. Meriwether wurde 1991 geschasst, obwohl er damals als Kronprinz für den Chefsessel bei Salomon Brothers galt. Nicht zuletzt der Ehrgeiz, diese Schmach wettzumachen und seinen Ruf wiederherzustellen, ließen Meriwether 1994 den Hedge-Fonds LTCM gründen.

Dort trieb der Banker mit dem Pokergesicht die Idee des streng rationalen, die üblichen Emotionen eines klassischen Traders ausschaltenden Handels auf die Spitze. Er warb die besten Akademiker an, die das MIT und Harvard zu dieser

Zeit zu bieten hatten. Mit Hilfe dieser allesamt mit einem Doktortitel ausgestatteten, wegen ihrer Obsession für mathematische Zeitreihen „Quants" genannten Wissenschaftler wollte Meriwether das scheinbar Unmögliche schaffen: äußerst hohe Renditen bei überschaubarem Risiko. Der Gründer pries LTCM nicht als gewöhnlichen Fonds an, sondern als eine Art „Finanztechnologie-Unternehmen".

Unter anderem gehörten die Finanzprofessoren Myron Scholes und Robert Merton als Partner zu dem Fonds. Scholes und Merton erhielten später den Nobelpreis für die von ihnen entwickelte Preisformel für Optionen, die Grundlage für viele Derivategeschäfte war. Und mit David Mullins stieß der ehemals stellvertretende Chef der amerikanischen Notenbank und Anwärter auf die Nachfolge des legendären Alan Greenspan zu dem Hedge-Fonds. Mit Hilfe von Mullins gelang es, hochkarätige Investoren wie staatliche Institute, asiatische Notenbanken und große Pensionsfonds für LTCM zu gewinnen.

1,25 Milliarden Dollar Eigenkapital sammelte Meriwether ein – ein Rekord für einen neuen Hedge-Fonds. Aus einem mahagonigetäfelten Händlerraum im noblen New Yorker Vorort und beliebten Hedge-Fonds-Standort Greenwich heraus legte LTCM dieses Geld an den Rentenmärkten an. Die Strategie war, kleinste Unstimmigkeiten in den Preisen aufzuspüren und darauf zu wetten, dass die stets als „effizient" angenommenen Märkte diese Mankos über die Zeit ausgleichen. Aus derartigen Preisdifferenzen konnte LTCM nur Kapital schlagen, wenn der Fonds enorme Beträge investierte. Um an diesem Riesenrad drehen zu können, nahm der Fonds ungewöhnlich hohe Kredite auf. Zeitweise standen jedem investierten Dollar Eigenkapital Kredite von 60 oder mehr Dollar gegenüber.

Den riesigen Schuldenhebel brachte Meriwether auf, indem er die Banken an der Nase herumführte. Denn er ließ seine Finanziers im Unklaren über die Investmentstrategien von LTCM, und er verriet den Geldgebern auch nicht, wie viel die jeweils andere Bank dem Fonds schon geliehen hatte. Unter dem Nimbus des akademisch-intellektuellen Investmentfonds verbarg sich in Wahrheit nichts anderes als eine gewaltige Marketingmaschine. Die Macht über die Banken reichte so weit, dass Meriwether bei den meisten Wertpapierkäufen nicht einmal Eigenkapital als Sicherheit – den „Initial Margin" – hinterlegen musste.

Kein Wunder, dass die Hedge-Fonds-Manager bei Bankern den Ruf hatten, äußerst arrogant und abgehoben zu sein. Doch der Erfolg der ersten Jahre gab den überdurchschnittlich intelligenten Händlern zunächst recht: Schon im ersten Jahr erzielte LTCM eine Rendite von 28 Prozent, in den darauf folgenden Jahren sprang der Gewinn zeitweise über 40 Prozent. Doch schon 1997 wurde das Geschäft für LTCM immer schwieriger. Denn der Hedge-Fonds hatte längst zahlreiche Nachahmer gefunden, die kaum noch Raum ließen für Ineffizienzen an den Märkten. In der Folge ging LTCM immer riskantere Geschäfte ein und kaufte erstmals auch in großem Stil Aktien.

Die Katastrophe kam im Jahr 1998. Im Sommer war die Asien-Krise auf Russland übergesprungen. Als Russland im August ein Schuldenmoratorium verhängte und den Rubel abwertete, wurden russische „Ramschanleihen“ über Nacht wertlos. In den darauf folgenden Tagen kollabierten auch die Kurse von Staatsanleihen weiterer Schwellenländer, und in vielen Bereichen der Finanzmärkte versiegte die Liquidität. LTCM verlor allein an einem Tag mehr als eine halbe Milliarde Dollar. Der Fonds war in die „Falle der Logiker“ getappt, wie sie der britische Schriftsteller Gilbert Keith Chesterton beschreibt: Die Mathematiker hatten sich auf ihre vergangenheitsbezogenen Modelle verlassen. Dabei hatten sie nicht berücksichtigt, dass es externe Schocks geben kann, die zu einem Austrocknen der Liquidität führen können. Wer genug Eigenkapital einsetzt, kann solche Phasen problemlos durchstehen. Doch wer exorbitant hohe Schulden hat, den zwingen die Gläubiger zu Notverkäufen, die wiederum mit hohen Verlusten einhergehen.

Diese ebenso simple wie einleuchtende Wahrheit kam in den hochkomplizierten Modellen der Wunderknaben aus Greenwich nicht vor. Meriwether entschuldigte das Desaster vielmehr mit einem „100-Jahres-Sturm“. Seltsam nur, dass ein derart seltener Sturm nur neun Jahre später, im Sommer 2007, schon wieder ausbrach. Dieses Mal stehen bis auf eine Handvoll Ausnahmen die Hedge-Fonds – deren gesamtes Kapital seit 1998 um ein Vielfaches auf rund 1,9 Billionen Dollar gestiegen ist – zwar zunächst im Auge des Orkans. Seit einigen Monaten geraten aber immer mehr dieser Fonds in den Strudel. Abermals arbeiten viele mit einem hohen Schuldenhebel, der ihnen in der Liquiditätskrise zum Verhängnis wird. Um Nachschusspflichten gegenüber Banken bedienen zu können, müssen sie Wertpapiere notverkaufen.

Dieses Mal können die Fonds nicht darauf hoffen, dass die amerikanische Notenbank die führenden Bankenchefs für eine Rettungsaktion à la LTCM gewinnt. Denn dafür kämpfen die Banken zu sehr mit eigenen Schwierigkeiten. Und dafür sind es heute zu viele Hedge-Fonds.

Das Elend der New Econony

Daniel Mohr

Thyssen-Krupp gleich EM.TV. Dieses Ergebnis brachte der Börsenhandel am 14. Februar 2000. Beiden Unternehmen wurde ein Marktwert von knapp 14 Milliarden Euro zugemessen. Auf der einen Seite der Börsengleichung ein Stahlriese aus dem Ruhrgebiet mit fast 200.000 Mitarbeitern, 32 Milliarden Euro Jahresumsatz 1999 und einer Dividendenausschüttung von 368 Millionen Euro. Auf der anderen Seite der Gleichung ein Münchner Filmrechtehändler mit nur einem Umsatz von 320 Millionen Euro, aber der Ankündigung der Gebrüder Thomas und Florian Haffa, binnen weniger Jahre die Umsätze zu vervielfachen und Milliardengewinne zu erzielen.

Die Börsianer waren in den Monaten bis zum Frühjahr 2000 endgültig und komplett der Vision der Welt der „New Economy“ erlegen. Solide wirtschaftende Unternehmen der „Old Economy“ mit umfangreichem Eigentum an Produktionsstätten und Patenten wurden links liegengelassen. Zu langweilig und vor allem zu langsam ließ sich hier Geld verdienen. Sehr viel mehr Charme hatten die Ankündigungen zahlreicher junger Unternehmensführer, mit dem Zaubermedium Internet zwar aktuell noch kein Geld zu verdienen, auf Basis bunter Powerpoint-Businesspläne aber immense Umsatzsteigerungen mit traumhaften Umsatzrenditen erzielen zu können.

In den kleinen Unternehmen des im Jahr 1997 geschaffenen Börsensegments Neuer Markt reichten wenige „Gläubige“ der Wachstumsgeschichten aus, um die Aktienkurse steigen zu lassen. Das fand Interesse bei anderen Anlegern. Schließlich wird an der Börse nichts schlimmer empfunden, als anderen tatenlos bei der Geldvermehrung zuzusehen. Wie die Lemminge marschierten die Marktteilnehmer mit ihrem Kapital in alles, was mit Internet, Computern und Mobiltelefonen zu tun hatte. Folglich stiegen die Kurse und noch mehr Anleger wurden angelockt und sprangen auf den Zug auf.

Aber auch die Unternehmer wurden hellhörig. Die Börse empfing jedes Unternehmen der „New Economy“ mit offenen Armen. So leicht ließ sich selten Kapital beschaffen – für das weitere Wachstum der Unternehmen wie auch für die Gründer selbst. Bis zum Jahresende 1999 kletterte die Zahl der am Neuen Markt notierten Aktiengesellschaften auf mehr als 200. Die Marktkapitalisierung stieg auf 111 Milliarden Euro. Binnen der nächsten drei Monate sollte sie sich nochmals mehr als verdoppeln.

Die Euphorie blieb aber längst nicht auf den Neuen Markt beschränkt. Die Höhenflüge des Deutschen Aktienindex Dax in dieser Zeit basierten fast nur auf vier Unternehmen – natürlich mit Bezug zur „New Economy“: Siemens, Mannesmann, SAP und Deutsche Telekom. Zum Höhepunkt der Euphorie brachte Siemens seine Tochtergesellschaft Infineon – befasst mit der Herstellung von

Computerchips – an den Markt. Am 13. März 2000 wurden 174 Millionen Aktien zu 35 Euro ausgegeben. „Habe gerade im Depot meiner Freundin 40 Stück Infineon entdeckt“, schrieb ein begeisterter Anleger damals in einem Internetforum. „Bei mir leider keine Aktien, bei Mutter auch nichts.“ Ein anderer freute sich über „geschenktes Geld von der Comdirect! 40 Stück bei nur 70 Zeichnung. Wurde auch Zeit. Viel Glück euch allen bei späteren Emissionen.“

Die Begeisterung über den Erhalt von Aktien bei einem Börsengang hatte seine guten Gründe. Seit Monaten waren die Börsengänge von Unternehmen aus dem Bereich der „New Economy“ stets eine Garantie für hohe Kursgewinne am ersten Handelstag. Kursverdopplungen waren eher die Regel als die Ausnahme. Selbst der mit 6 Milliarden Euro vergleichsweise große Börsengang von Infineon enttäuschte die Anleger nicht. Der Kurs kletterte gleich am ersten Tag von 35 Euro auf bis zu 85 Euro, im Juni 2008 kostete eine Aktie nur noch rund 6 Euro.

Das Zeichnen von Aktien wurde zum Lotteriespiel. Die ausgegebenen Papiere waren vielfach überzeichnet. 5,7 Milliarden Infineon-Aktien hätten verkauft werden können. Nur wenige Anleger bekamen einen Teil ihrer gezeichneten Aktien. Welche Papiere sie da gerade erworben hatten, war bis auf den Namen des Unternehmens meist unbekannt. Es war auch egal, der massenweise Ansturm auf die Aktien sorgte unabhängig aller harten

Fakten für das Einzige, was am Ende interessierte: die Rendite. Und die stimmte bis ins Frühjahr 2000 hinein immer.

Zwar gab es warnende Stimmen, sie fanden jedoch kein Gehör. Zu übermächtig war die Allianz aus Banken, Analysten, Medien, Jungunternehmern und begeisterten Anlegern, als dass man sich die neue Form der Geldvermehrung miesmachen lassen wollte. Schließlich verdienten alle gut. Die Banken haben niemals so viele Börsengänge aufs Parkett begleiten können. Die Anleger eröffneten zu Millionen neue Depots und zeichneten und kauften Aktien wie nie zuvor. Und die Unternehmer wurden zumindest auf dem Papier binnen weniger Wochen nicht selten zum Milliardär.

Doch der Weg in umgekehrter Richtung ließ nicht lange auf sich warten. Es gab kein konkretes Ereignis, das die traumhafte Geldvermehrung beendete. Es war wohl mehr ein mulmiges Gefühl, das immer mehr Anleger beschlich und zur Vorsicht übergehen ließ. Im Frühjahr 2000 offenbarten immer mehr Unternehmen, dass ihre hochgesteckten Wachstumserwartungen sich bisher noch nicht realisieren ließen. Im Sommer kursierten erste als „Todeslisten" bezeichnete Papiere mit Unternehmen, die von der Zahlungsunfähigkeit bedroht sein könnten. Schließlich machte die Mehrzahl der Unternehmen der „New Economy" noch Verluste, einige konnten noch nicht einmal nennenswerte Umsätze aufweisen.

Und auch bei den Börsengängen hatte die Euphorie ein Ende. Anleger bekamen plötzlich alle gezeichneten Aktien zugeteilt – oft mehr als sie bezahlen konnten. Was wenige Wochen vorher noch ein Traum war, wurde zum Albtraum. Emissionsgewinne gab es oft kaum noch, und da viele Anleger zumindest einen Teil der großen Menge an Aktien sofort wieder verkaufen mussten, ging es mit den Kursen steil bergab. Wer dies einmal mitgemacht hatte, zeichnete vorerst keine Aktien mehr. Die Zahl der Neuemissionen ebbte stark ab und kam dann für Jahre fast völlig zum Erliegen.

Gerade noch rechtzeitig kam die Deutsche Telekom mit ihrer dritten und besonders umstrittenen Platzierung von Aktien an den Markt. Im Juni 2000 wurden nochmals 200 Millionen Aktien zu je 66,50 Euro insbesondere an Privatanleger ausgegeben. Der Kurs hatte sich zwar schon deutlich von seinem Hoch im März von mehr als 100 Euro entfernt, dennoch konnten sich Unternehmenschef Ron Sommer und auch der deutsche Staat noch über einen guten Preis freuen. Acht Jahre später notiert die Aktie bei rund 10 Euro.

Im Frühjahr 2008 begann der Mammut-Prozess gegen die Telekom vor dem hessischen Oberlandesgericht. Zahlreiche Anleger fühlten sich verschaukelt und bemängeln die Aufklärung über Risiken. Es ist bei weitem nicht der einzige Prozess, der sich mit den Vorgängen der damaligen Zeit befasst. Etliche Pläne der Unternehmen entpuppten sich als

Luftschlösser, zahlreiche Anleger klagten. Comroad konnte sogar nachgewiesen werden, dass die Umsätze fast komplett erfunden waren. Der Vorstandsvorsitzende Bodo Schnabel wurde zu sieben Jahren Haft wegen Kursbetrugs, Insiderhandels und gewerbsmäßigem Betrug verurteilt. Nach einer Verfassungsbeschwerde wurde letztlich ein Vergleich erzielt.

Mittlerweile sind mehr als zwei Drittel der einst mehr als 300 Unternehmen am Neuen Markt wieder vom Kurszettel verschwunden. Der Auswahlindex Nemax 50 fiel von fast 10.000 Punkten im März 2000 bis auf 300 Punkte im Herbst 2002. Zahlreiche Unternehmen hatten nur noch Aktienkurse von wenigen Cent. Auch der Dax fiel von mehr als 8.000 Punkten im März 2000 auf nur noch 2.188 Punkte im März 2003. Die Überflieger der „New Economy"-Blase wie Siemens, SAP und Telekom haben die alten Höhen auch Jahre später bei weitem nicht mehr erreicht. Die Treiber im Dax sind längst andere Unternehmen der „Old Economy". Thyssen-Krupp wird im Juni 2008 mit 21 Milliarden Euro bewertet, EM.Sport, wie EM.TV mittlerweile heißt, mit 220 Millionen Euro.

TEIL 2

DIE SUBPRIME-KRISE

Amerikas neue Geisterstädte

Claus Tigges

Aus einem stahlblauen Himmel scheint die Frühlingssonne auf Cleveland und gibt sich alle Mühe, die verbliebenen Schneereste zu schmelzen, die die Stürme des Winters zurückgelassen haben. Doch die ersten warmen Sonnenstrahlen verheißen der Stadt am Eriesee in diesem Jahr wohl keinen Aufbruch, keine Erneuerung. Im Slavic Village, einem einst von Einwanderern aus Polen, Tschechien und der Slowakei gegründeten Viertel nur wenige Autominuten südlich der Innenstadt, herrschen Zerstörung und Trostlosigkeit. Hier, an der Union Street und in den angrenzenden Straßenzügen, wird das Ausmaß der Verwüstung deutlich, die der Sturm der Hypothekenkrise in Teilen Amerikas inzwischen angerichtet hat: Häuser über Häuser, deren Fenster und Türen mit Brettern vernagelt sind, verlassen von ihren Bewohnern, weil ihnen die Hypothekenschulden über den Kopf wuchsen und sie keinen anderen Ausweg mehr sahen, als sich auf- und davonzumachen in der Hoffnung, dass die Gläubiger sie niemals finden werden.

Es sind nicht mehr nur ein paar, auch nicht nur ein paar Dutzend Häuser, die aufgegeben und – kaum, dass ihre Bewohner fort waren – von Plünderern ausgeschlachtet wurden. Sie haben es vor allem auf die Kupferleitungen und anderes Metall abgesehen, weil sie dafür von den lokalen Schrotthändlern ein paar Dollar bekommen. Hunderte Häuser im Slavic Village stehen inzwischen leer, weil die

Zwangsvollstreckung angeordnet wurde und die Hausbesitzer keinen anderen Ausweg mehr sahen, als zu verschwinden. Der Postbezirk 44105, zu dem auch dieses Stadtviertel gehört, hat in Amerika inzwischen traurige Berühmtheit erlangt: Nirgendwo anders im Land gab es im vergangenen Jahr mehr Zwangsversteigerungen von Häusern und Wohnungen als hier. Das Slavic Village wird mehr und mehr zu einer Geisterstadt im 21. Jahrhundert, und täglich erhalten drei weitere der noch verbliebenen Bewohner einen Brief vom Gericht mit der Ankündigung der Zwangsversteigerung.

Zu den vielen verlassenen Häusern könnte schon bald auch das von Mandisa Lewis zählen, das nicht weit vom Slavic Village entfernt steht. „Ich bin bereit, alles hinzuschmeißen und abzuhauen", sagt die Mittvierzigerin. Vor acht Jahren hat sie das Häuschen gekauft, für 83.000 Dollar, und weil sie und ihr damaliger Mann keine Ersparnisse hatten, haben sie sich das ganze Geld von der Bank geliehen. 2003 nahm Lewis, mittlerweile geschieden, eine zweite Hypothek über 32.000 Dollar auf, einen sogenannten „Home Equity Loan", bei dem der gestiegene Wert des Hauses als Sicherheit dient. „Warum ich das gemacht habe, weiß ich gar nicht mehr", sagt Lewis. So richtig verstanden habe sie die Bedingungen des zweiten Kredits nicht, gesteht sie, und sie habe sich auch nicht beraten lassen, sondern alles auf dem Postweg geregelt.

1.055 Dollar habe sie im Monat für die beiden Hypotheken bezahlen müssen. „Das war aber kein Problem, denn ich hatte einen ordentlichen Job in der Schulverwaltung, wo ich 45.000 Dollar im Jahr verdiente", sagt sie. Dann habe sie ihre Stelle verloren und zunächst nur einen Aushilfsjob gefunden, der ihr 10 Dollar in der Stunde brachte. Als dann auch noch der flexible Zins für das zweite Darlehen von 8 auf 16 Prozent und die monatliche Belastung auf 1.300 Dollar kletterten, sei schnell das Ende der Fahnenstange erreicht gewesen. „Seit Oktober 2007 habe ich nicht mehr bezahlt", sagt die Mutter erwachsener Kinder. 83.000 Dollar schuldet sie der Bank trotz jahrelanger Zahlungen für den ersten Kredit, und aus den 28.000 Dollar des zweiten Darlehens sind inzwischen 32.000 Dollar geworden. Doch Lewis hat noch nicht endgültig aufgegeben, will es noch einmal versuchen. Seit einigen Wochen hat sie eine neue Stelle, ordentlich bezahlt, in der Verwaltung der Lutherischen Kirche von Cleveland. Das macht Mut, von Hoffnung will sie aber noch nicht sprechen.

Auf jeden Fall sitzt sie an diesem Morgen zusammen mit einer Handvoll anderer Hausbesitzer bei ESOP, einer Bürger- und Verbraucherschutzorganisation, die ausgeschrieben den Namen „Empowering and Strengthening Ohio's People" trägt. ESOP wird vom Landkreis Cuyahoga, zu dem auch die Stadt Cleveland gehört, finanziell unterstützt und hat sich der Hilfe für Hausbesitzer wie Lewis verschrieben, denen der Verlust des Heims droht. An den Wänden der Büros von ESOP in einem alten Lagerhaus aus Backstein in Clevelands „East Side" hängen Karten vom Slavic Village. Sie sind übersät mit roten Punkten, von denen jeder eine Zwangsversteigerung markiert. Dienstags und mittwochs gibt es bei ESOP „intake sessions“, feste Termine, zu denen Hausbesitzer in Not kommen und sich Rat holen können, wie ihr Haus womöglich doch noch zu retten ist.

Kristen Anderson, eine der Beraterinnen, erläutert Lewis und den anderen, wie ESOP ihnen helfen kann: „Wir übernehmen für Sie die Verhandlungen mit dem Gläubiger. Wenn alles gutgeht, können wir die Zwangsvollstreckung aufhalten und die Finanzierung auf eine neue, gesunde Basis stellen.“ Konkret bedeutet das dann meist einen festen statt des gefährlichen variablen Zinses, noch dazu auf niedrigerem Niveau. Und wenn es ESOP gelingt, erklärt sich der Kreditgeber auch mit einer Verringerung des Darlehensbetrages einverstanden. Anderson lässt keinen Zweifel daran, dass ESOP gewisse Erwartungen an die Hilfesuchenden hat: „Ehrlichkeit ist wichtig. Lügen Sie uns nicht an, wenn es um ihre finanziellen Verhältnisse geht“, mahnt sie die Runde. Damit eine Beratung stattfinden kann, müssen die Teilnehmer zunächst sämtliche Einnahmen und Ausgaben in ein Formular eintragen. „Und wenn Sie rauchen, dann ist das Ihre Sache. Aber vergessen Sie bitte nicht aufzuschreiben, wie viel Geld Sie für Zigaretten ausgeben.“ Das Formular, die „Hot Spot Card“, dient später für die Verhandlungen mit dem Kreditgläubiger.

Die Mitarbeiter von ESOP meinen die Schuldigen der Hypothekenkrise längst gefunden zu haben: raffgierige

 Kredithaie, die die Unbedarftheit der Menschen schamlos ausgenutzt und ihnen Hypotheken zu aberwitzigen Konditionen aufgeschwatzt haben, von denen sie wissen mussten, dass sie die Schuldner früher oder später in Schwierigkeiten bringen würden. Es sind die berüchtigten „Subprime-Darlehen“ mit einem niedrigen Lockzins, der später rasant in die Höhe steigt. Stolz erzählt Anderson Lewis und den anderen von einem der bisher größten Erfolge der Organisation: wie sie mit einer Gruppe von wütenden Hausbesitzern zu einer Niederlassung der führenden Hypothekenbank des Landes, Countrywide Financial, gefahren sind, „Countrywide ist zum Kotzen“ skandiert und kleine Plastikhaifische durch die Büros der „Kredithaie“ geworfen haben. Die Polizei und das Team eines Nachrichtensenders waren schnell zur Stelle, so dass auch die Konzernzentrale von Countrywide im fernen Kalifornien schnell davon erfuhr. Kurze Zeit später nahmen Countrywide und ESOP Verhandlungen auf mit dem Ziel, sich auf Standards für eine fairere Kreditvergabe zu verständigen. „Die Vereinbarung ist bald unterschriftsreif“, verkündet Anderson und erntet anerkennendes Kopfnicken.

Nicht weit von der Bürgerorganisation, in der Innenstadt Clevelands, befasst sich auch Jim Rokakis täglich mit der Häuserkrise. Der Kämmerer des Landkreises Cuyahoga bezeichnet die Verwüstung ganzer Stadtteile als „unsere Katrina“, jener Wirbelsturm, der Ende August 2005 weite Teile der Stadt New Orleans zerstörte. Über rund 15.500 Häuser und Wohnungen seines Kreises ist 2007 die

Zwangsverstreckung eröffnet oder schon abgeschlossen worden; sieben Jahre zuvor war es nicht einmal die Hälfte.

Rokakis stimmt den Aktivisten von ESOP zu, dass „predatory lending“, eine geradezu räuberische Praxis der Kreditvergabe, die Wurzel des Übels sei. „Da haben viele Menschen hohe Hypothekendarlehen erhalten, die niemals einen solchen Kredit hätten bekommen dürfen“, sagt der Sohn griechischer Einwanderer und gibt sich gar keine Mühe, die Wut über Hypothekenbanken wie Countrywide oder die inzwischen von der Citigroup übernommene Argent Mortgage zu verbergen. „Es ist eine Verschwörung, in die alle Beteiligten verwickelt sind“, sagt Rokakis und erläutert die mitunter üblen Tricks, mit denen es den Banken, aber nicht zuletzt auch vielen unabhängigen Hypothekenmaklern gelungen sei, viele Bewohner seiner Stadt zum Abschluss einer Subprime-Hypothek zu überreden: keine Fragen nach dem Einkommen und das Versprechen schnellen Geldes. Kreditnehmer, die über eine einigermaßen gute Bonität verfügen und darum Anspruch auf einen niedrigen Darlehenszins hätten, seien zu einem höheren Zins überredet worden und hätten dafür vom Kreditvermittler einen Teil seiner Prämie erhalten.

In vielen Fällen sei der Darlehensbetrag um ein Vielfaches höher festgelegt worden als der Wert des Hauses, und auch dafür habe der Makler dem Hausbesitzer Bares versprochen. „Schnelles Geld ist eine mächtige Droge“, sagt Rokakis. In die Entrüstung des Kämmerers mischt sich Enttäuschung, als der von dem vergeblichen Versuch berichtet, das drohende Unheil abzuwenden: Die Städte Cleveland, Dayton und Toledo erließen 2001 und 2002 auf eigene Faust Gesetze zum Schutz vor räuberischer Kreditvergabe, nachdem weder Washington noch die Regierung des Bundesstaates Ohio auf entsprechende Forderungen reagiert hatten. „Und dann sind Lobbyisten von Hypothekenbanken, Darlehensvermittlern, Immobilienmaklern und Wall-Street-Banken über das Parlament in Columbus hergefallen und haben es geschafft, dass dort ein Gesetz beschlossen wurde, was den Gemeinden die Verabschiedung eigener Gesetze zum Schutz vor räuberischer Kreditvergabe verbietet“, erzählt Rokakis.

Den Kampf gegen Gier, Betrug und Korruption hat der Kommunalpolitiker noch nicht ganz aufgegeben. Doch einen schnellen Weg aus der Krise weiß auch Rokakis nicht. In vielen Fällen werde der Stadt gar keine andere Wahl bleiben, als die verwüsteten Häuser niederzureißen. „Mein Budget für Abrisse ist nur 100 Millionen Dollar. Das reicht nie und nimmer. Es wird 15, vielleicht sogar 25 Jahre dauern, bis wir die Misere gemeistert haben“, sagt Rokakis und muss sich dann beeilen, zu seinem nächsten Termin zu kommen: einem Vortrag über die Häuserkrise in seiner Stadt.

Der Weg in die Krise

Benedikt Fehr

Ausgehend vom amerikanischen Hypothekenmarkt ist das Weltfinanzsystem in eine gefährliche Krise geraten. Gleichzeitig beschleunigt sich rund um den Globus die Inflation, in den Vereinigten Staaten droht eine Rezession, das Vertrauen in die Weltleitwährung Dollar schwindet. Was hat in diese prekäre Lage geführt? Volkswirtschaftliche Analysen sind kompliziert. Oft lassen sich die Kausalzusammenhänge – und damit die politische Verantwortung – nicht eindeutig bestimmen. Diese Einschränkung vorausgeschickt, kann man den Ursprung der aktuellen Krise auf den Beginn dieses Jahrzehnts zurückführen.

In den Jahren 2000 und 2001 wird die amerikanische Wirtschaft von einem Doppelschlag getroffen: Erst platzt die Internetaktienhausse, dann folgen die Terrorangriffe vom 11. September. Die amerikanische Notenbank Fed befürchtet eine Deflation. Um gegenzusteuern, senkt die Fed ihren Leitzins auf äußerst niedrige 1 Prozent. Das Rezept funktioniert, und zwar vor allem deshalb: Amerikanische Eigenheimbesitzer dürfen Festzins-Hypotheken jederzeit ohne Zahlung eines Strafzinses vorzeitig kündigen. Als der niedrige Leitzins auch die Zinsen für langfristige Hypotheken sinken lässt, nutzen dies Millionen Haushalte: Sie kündigen ihre alte Hypothek und refinanzieren sie zu niedrigerem Zins.

 Die Folge: Die Haushalte haben jeden Monat mehr Geld für ihren Konsum zur Verfügung. Oder sie erhöhen die Hypothek auf ihr Haus und kaufen mit diesem zusätzlichen Kredit japanische Autos, Küchen aus Deutschland oder einen Anbau ans Eigenheim.

Das treibt den Konsum mächtig an, zumal ein zweiter Effekt hinzukommt: Das niedrigere Zinsniveau steigert die Nachfrage nach Wohnimmobilien. Zur Mitte des Jahrzehnts steigen die Eigenheimpreise Jahr für Jahr mit zweistelligen Raten. Über zusätzliche zweitrangige Hypothekenkredite („Home Equity Loans") ermöglichen es die Banken Haushalten, den erhöhten Wert des Eigenheims in Bargeld umzumünzen. So kann jeder Haushalt mit dem erhöhten Konsum des Nachbarn Schritt halten. Der kreditfinanzierte Konsumrausch grassiert, die Sparquote geht gegen null. Mitte 2004 ist die Konjunktur so gefestigt, dass die Fed damit beginnt, den Leitzins anzuheben. Doch anders als beabsichtigt gehen die langfristigen Zinsen nicht ebenfalls nach oben. Die Immobilienhausse setzt sich fort.

Der Grund dafür liegt vor allem in Asien. Nach der verheerenden Krise 1997/98 wollen die großen asiatischen Länder ihren Export – den Motor ihrer Volkswirtschaften – am Laufen halten, zumal Länder wie China und Indien Jahr für Jahr Millionen verarmter Bauern in Lohn und Brot bringen müssen. Ihre Strategie: Sie halten ihre Währungen künstlich niedrig bewertet. Um dies zu erreichen, kaufen die Notenbanken in großem Stil Dollar auf. Diese Eingriffe in den Devisenmarkt verhindern, dass die globalen Waren- und Kapitalströme ins Gleichgewicht kommen. Mit dem künstlich überbewerteten Dollar kaufen Amerikas Konsumenten im Ausland ein, was das Zeug hält. Das Leistungsbilanzdefizit steigt auf 6 Prozent der Wirtschaftsleistung.

Japan kauft in den Jahren 2003 und 2004 rund 300 Milliarden Dollar, 2007 hat China 460 Milliarden Dollar angekauft – Tendenz steigend. Das hat die Währungsreserven der Japaner auf 1.000 Milliarden Dollar anschwellen lassen, die Reserven Chinas auf 1.600 Milliarden Dollar. Japan interveniert seit 2004 nicht mehr in den freien Devisenhandel. Doch hält die Notenbank ihren Leitzins seit Jahren nahe null Prozent. Die Folge: Auch der Yen bleibt niedrig bewertet – und stützt damit die japanische Exportwirtschaft, die gegenüber dem erstarkenden Rivalen China abzufallen droht.

Investoren aus aller Welt nehmen äußerst billige Yen-Kredite auf, kaufen damit rund um den Globus Aktien, Unternehmens- und Schwellenländeranleihen, Rohstoffe, ganze Unternehmen. Das treibt die Preise der Vermögenswerte nach oben. Im beinharten Wettbewerb um Neugeschäfte akzeptieren Banken in aller Welt die erhöhten Buchwerte als Sicherheit – und gewähren darauf weitere Kredite. Das Finanzsystem pumpt sich voll mit Krediten, die Hausse nährt die Hausse.

Die asiatischen Länder – und später auch die in Petro-Dollar schwimmenden Ölländer – legen ihre Dollar größtenteils in langlaufenden amerikanischen Staatsanleihen und ähnlichen Papieren an. Diese Nachfrage lässt die Kurse dieser Anleihen steigen, ihre Renditen fallen. Das trägt wesentlich dazu bei, dass die Leitzinserhöhungen der Fed „am langen Ende“ des Anleihemarktes wirkungslos verpuffen. Das Drama nimmt seinen Lauf.

Zunächst freilich läuft alles wie geschmiert. Angetrieben vom Export, wachsen die Volkswirtschaften in Asien sprunghaft. Davon profitiert nicht zuletzt die deutsche Wirtschaft, die Maschinen in die Wachstumsländer liefert. Gleichzeitig treibt der Hunger nach Öl, Metallen und Nahrungsmitteln die Rohstoffpreise und befeuert damit auch die Volkswirtschaften der Ölproduzenten in Südamerika und Afrika. Die Weltwirtschaft wächst so stark wie seit Jahrzehnten nicht mehr. In den Vereinigten Staaten setzt sich dank der andauernd niedrigen Zinsen die Immobilienhausse fort. Das bringt die Bauwirtschaft mächtig in Schwung. Am Bau entstehen viele Millionen neue Arbeitsplätze. Das ist hochwillkommen. Denn durch die Globalisierung gehen gleichzeitig ungezählte Arbeitsplätze verloren.

Die Amerikaner leben über ihre Verhältnisse, die Länder, die über Devisenmarkteingriffe ihren Export fördern, auf ihre Weise auch: Ihre Notenbanken finanzieren den amerikanischen Konsumrausch nur zu bereitwillig über den

Ankauf von Dollar. Die amerikanische Regierung warnt ebenso wie die Notenbankgouverneure und Finanzminister der führenden Industrieländer schon seit Jahren vor den Gefahren der „globalen Ungleichgewichte"; sie appellieren an China, den Yuan stärker aufwerten zu lassen. Die neue Supermacht China gibt sich stur, lässt den Yuan-Kurs von Sommer 2006 an nur in Minischritten steigen.

Allmählich geraten die Dinge aus dem Lot. Vielen Millionen jungen Amerikanern und Immigranten, die ihren Traum vom Eigenheim noch nicht verwirklicht haben, laufen die Immobilienpreise davon. Finanzinstitute bieten Hilfe an. Sie offerieren „Subprime"-Hypothekenkredite. Damit können auch schwache Schuldner, die eigentlich nicht kreditwürdig sind, ein Haus erwerben, an der Immobilienhausse teilhaben. Der Kniff: Die Zinsen sind zunächst niedrig, sollen erst nach zwei oder drei Jahren angehoben werden. Die Verträge sind oft hanebüchen, die Praxis der Kreditvergabe sträflich lax. Die Aufsichtsbehörden schauen zur Seite. Die Regierung, die einen unpopulären Krieg im Irak führt, will die Bürger über eine gut laufende Wirtschaft bei Laune halten.

Der neue Geschäftszweig floriert nicht zuletzt dank einer Finanzinnovation. Die Banken bündeln jeweils Tausende von Subprime-Krediten. Diese Portefeuilles werden als tranchierte Anleihen an Investoren verkauft. Das funktioniert so: Fällt in dem unterliegenden Portefeuille ein Kredit aus, wird dieser Verlust nicht anteilsmäßig auf alle Investoren verteilt; vielmehr muss diesen ersten Verlust allein die unterste – hochriskante und deshalb extrahoch verzinste – Tranche tragen. Fallen im Portefeuille weitere Verluste an, muss diese die nächsthöhere Tranche absorbieren und so fort. Die oberen Tranchen sind dadurch immer besser gegen Verluste abgeschirmt. Die Folge dieser Finanzialchemie: Ein Portefeuille minderwertiger Kredite im Volumen von 100 Millionen Dollar verwandelt sich in eine „hochtoxische" hochverzinste unterste Tranche über 5 Millionen Dollar, fünf mittlere Tranchen von zusammen 20 Millionen Dollar – und eine hochwertige Tranche über 75 Millionen Dollar mit der besten Ratingnote AAA.

Nach gleichem Muster werden auch andere Kredite verbrieft: Autodarlehen, Kreditkartenforderungen, Gewerbehypotheken. Die Finanzkonstruktionen werden immer komplexer, immer weniger durchschaubar. Die Ratingagenturen spielen mit, inflationieren die Vergabe ihrer Bestnote AAA. Seit Ausbruch der Krise mussten sie Tausende Noten herabsetzen, oft gleich um mehrere Stufen. Im Raum steht der Vorwurf, die Agenturen hätten prächtig daran verdient, die Banken bei der Strukturierung der Anleihen zu beraten – denen sie dann anschließend wohlwollend ihr Gütesiegel verliehen.

Abnehmer für diese AAA-Tranchen hat es in den vergangenen Jahren viele gegeben, in aller Welt. Denn das niedrige Zinsniveau der Staatsanleihen hat institutionelle Investoren wie Pensionskassen in „Anlagenotstand" gebracht: Um ihre Renditeziele zu verwirklichen, suchen sie händeringend nach Anlagen, die – bei attestierter AAA-Sicherheit – ein paar Renditepunkte extra abwerfen.

Ganz allgemein hat rund um den Globus eine Jagd nach Rendite eingesetzt. Deren Motor sind die Hedge-Fonds. In den neunziger Jahren waren sie noch Nischenspieler am Finanzmarkt, viele erzielten Superrenditen. Das lockt Nachahmer an: Tausende Investmentbanker legen eigene Fonds auf, das Kapital dazu sammeln sie bei institutionellen Investoren ein. Anders als die Banken sind Hedge-Fonds weitgehend unreguliert. Die Politiker in den Hedge-Fonds-Metropolen New York und London sträuben sich gegen eine Aufsicht. Sie wollen diese Wachstumsbranche nicht behindern.

Die verschärfte Konkurrenz macht es den Hedge-Fonds immer schwerer, die früheren Traumrenditen zu erwirtschaften. Um gleichwohl eine hohe Eigenkapitalrendite zu schaffen, arbeiten die Fonds mit immer größerem Kredithebel. Die Investmentbanken stellen die Kredite nur zu gerne zur Verfügung; sie verdienen an den Zinsen, zudem an den Gebühren, die die hyperaktiven Hedge-Fonds für die Abwicklung von komplexen Finanzgeschäften aller Art zahlen. Die Kredittürme wachsen in den Himmel. Manche Fonds nehmen auf einen Dollar Eigenkapital 30 Dollar Fremdkapital auf und mehr. Eine weitere Innovation, handelbare Kreditversicherungen, verbreitet die Illusion, dass sich die Kreditrisiken heutzutage besser beherrschen ließen als früher.

Früher waren die großen Akteure der Hochfinanz – die Investmentbanken in Wall Street, die Merchant-Banken in London – als Partnerschaften organisiert: Die Partner teilten sich die Gewinne – und sie hafteten bei Verlusten mit ihrem privaten Vermögen. Sie hatten deshalb stets im Auge, dass ihre Mitarbeiter und Partnerkollegen nicht zu hohe Risiken eingingen. Moderne Investmentbanken und Hedge-Fonds arbeiten nach einem anderen Prinzip. Die Bankangestellten und Fondsmanager sind an den Gewinnen stark beteiligt, hingegen müssen Verluste von den Aktionären der Bank, den Teilhabern der Fonds oder den Kreditgebern geschultert werden. Bisweilen ist der Bonus für ein Jahr, in dem gewagte Spekulationen aufgehen, größer als das Lebenseinkommen zum Beispiel eines Universitätsprofessors.

Das verleitet dazu, übergroße Risiken einzugehen, ohne Rücksicht auf die Folgen in zwei, drei Jahren. Die Finanzbranche ersinnt immer neue Wege, lästige Aufsichtsbehörden auszuhebeln, zum Beispiel die inzwischen berüchtigten „Conduit"-Zweckgesellschaften. Nichts grenzt die Geldgier ein, Hemmungslosigkeit wird mit Reichtum über Nacht belohnt. Die Habsucht erfasst auch viele Manager von Industriekonzernen. Gleichzeitig steigt die Zahl der Bürger, die Verlierer der Globalisierung sind. Die sich öffnende Einkommensschere bringt die demokratischen Kräfte in vielen Industrieländern in eine Zerreißprobe. Die Zustimmung der Bevölkerung zur Marktwirtschaft schwindet.

Die kreditfinanzierte Jagd nach Rendite treibt im Laufe dieses Jahrzehnts praktisch alle Preise von Vermögenswerten – Aktien, Anleihen, Rohstoffen, Immobilien – nach oben. Doch die Notenbanken stemmen sich der galoppierenden Inflation der Vermögenspreise allenfalls halbherzig entgegen, lassen zu, dass die Kredittürme immer höher wachsen. Noch läuft ja alles gut, wächst die Weltwirtschaft, wird Wohlstand geschaffen. Zudem sind die Interessengegensätze zwischen den Nationen zu groß, als dass sich eine gemeinsame Strategie zum Abbau der globalen Ungleichgewichte durchsetzen ließe. Die Vereinigten Staaten sind auf den stetigen Zustrom von Kapital angewiesen, müssen ihre Gläubiger bei der Stange halten – und sind deshalb als Ordnungsmacht geschwächt.

Zudem halten viele Notenbanken einäugig und kurzsichtig an ihrem Dogma fest, dem zufolge sie in erster Linie dafür verantwortlich seien, die Inflation der Verbraucherpreise niedrig zu halten – nicht aber die Inflation der Vermögenspreise. Bis ins Jahr 2007 hinein blieb die Verbraucherpreisinflation niedrig, weil die Flut der Billigimporte aus China und anderswo die Preise der Konsumgüter sowie die Lohnzuwächse niedrig hält. Von 2006 an warnen die Notenbanken unmissverständlich, dass die Entwicklung an den Vermögensmärkten aus dem Ruder läuft. Doch angesichts der grassierenden Geldgier sind die Worte in den Wind gesprochen.

 Jetzt schlägt die Stunde der Wahrheit, für alle. Aus den aufgeblähten Vermögenswerten entweicht die Luft, die Kursverluste bringen die Kredittürme ins Wanken, manche sind schon eingestürzt. Banken und Fonds erleiden Milliardenverluste, das Weltwährungssystem knirscht bedenklich, der Motor des globalen Wachstums – der amerikanische Konsum – stottert. Die überfällige Bereinigung der Exzesse hat begonnen. Zu hoffen bleibt, dass sie nicht die gesamte Weltwirtschaft erfasst und in die Krise stürzt.

Die Chronik der Krise

Benedikt Fehr

Die Vorgeschichte

März 2000: Der Mathematiker David X. Li veröffentlicht im „Journal of Fixed Income" ein Modell, mit dem sich die Korrelation von Kreditausfällen berechnen lässt. Das ermöglicht es, Kreditportefeuilles „wissenschaftlich" zu bewerten. Das wiederum verschafft dem Handel mit Kreditportefeuilles großen Aufschwung – und in der Folge auch der Emission von tranchierten Wertpapieren (Collateralized Debt Obligations, CDO), in denen solche Portefeuilles verbrieft werden.

März 2003: Der amerikanische Investment-Guru Warren Buffett warnt, die neuartigen Derivate zur Übertragung von Kreditrisiken seien „finanzielle Massenvernichtungswaffen".

2000 bis 2006: Die Preise für amerikanischen Eigenheime steigen jedes Jahr um 10 Prozent und mehr. Die Hausse verführt zu Sorglosigkeit, die Banken lockern ihre Standards für die Kreditvergabe – zumal sie die herausgelegten Kredite und die mit ihnen einhergehenden Risiken über handelbare Wertpapiere an dritte Investoren verkaufen können.

2005 bis Mitte 2007: Die Banken vergeben in großem Stil Hypothekenkredite an fragwürdige Schuldner. Diese „Subprime"-Kredite sind meist so ausgestaltet, dass der Zins in den ersten beiden Jahren verlockend niedrig ist, dann aber kräftig nach oben geht. Mehrere Hundert Milliarden Dollar solcher Subprime-Kredite werden in Wertpapieren verbrieft und an Investoren in aller Welt verkauft.

Das Jahr 2007

9. Februar: Die britische Großbank HSBC berichtet über hohe Verluste ihrer amerikanischen Tochtergesellschaft Household International durch Subprime-Kredite. Die Finanzmärkte reagieren kaum.

2. April: New Century Financial, der führende Spezialist für Subprime-Hypotheken, ist in finanziellen Schwierigkeiten und verlangt Schutz vor seinen Gläubigern.

3. Mai: Die schweizerische Großbank UBS berichtet über hohe Verluste ihres Hedge-Fonds Dillon Read Capital Management mit Subprime-Krediten. Die Mitteilung löst an den Finanzmärkten Sorgen aus.

25. Juni: Zwei Hedge-Fonds der amerikanischen Investmentbank Bear Stearns erleiden mit Subprime-Engagements hohe Verluste. Bear Stearns springt einem der Fonds mit einem Kredit über 3,2 Milliarden Dollar zur Seite.

5. Juli: Die UBS feuert ihren Chef Peter Wuffli. Er ist das erste prominente Opfer der Krise – aber bei weitem nicht das letzte.

10. Juli: Die Ratingagentur Standard & Poor's warnt, dass die Bewertungen von Subprime-Wertpapieren im Gesamtvolumen von 12 Milliarden Dollar heruntergesetzt werden könnten.

13. Juli: Die Anleger sind wenig von der Krise beeindruckt. Der Deutsche Aktienindex Dax ereicht mit 8.152 Punkten ein Rekordhoch.

17. Juli: Bear Stearns teilt mit, dass die beiden angeschlagenen Hedge-Fonds praktisch Totalverluste erlitten haben. Spätestens von nun an ist die Subprime-Krise das zentrale Thema an den Finanzmärkten.

20. Juli: Die IKB Deutsche Industriebank dementiert Marktgerüchte über erhebliche Verluste durch Subprime-Wertpapiere.

25. Juli: Die Krise springt auf den Markt für Übernahmekredite über. Investmentbanken sitzen auf mehr als 200 Milliarden Dollar an unverkäuflichen Krediten, weil die bisherigen Käufer plötzlich die Risiken scheuen.

28./29. Juli: Die Subprime-Krise erreicht Deutschland: Über das Wochenende vereinbaren Spitzenvertreter des deutschen Bankgewerbes sowie Bankaufsicht, Deutsche Bundesbank und Finanzministerium milliardenschwere Maßnahmen, um die von Insolvenz bedrohte IKB zu retten. Die IKB hatte der Zweckgesellschaft „Rhineland Funding"

Kreditlinien in Milliardenhöhe gewährt, konnte diese Zusagen aber nicht einhalten. IKB-Chef Stefan Ortseifen wird gefeuert und durch Günther Bräunig vom Vorstand des IKB-Großaktionärs KfW ersetzt.

9. August: Die Krise schlägt auf die Geldmärkte durch. Die französische Großbank BNP Paribas und die deutsche Privatbank Sal. Oppenheim teilen mit, mehrere Fonds, die in CDOs investiert haben, vorübergehend schließen zu müssen; das soll verhindern, dass Investoren Geld aus diesen Fonds abziehen. Ganz allgemein erfasst Banken und Großanleger die Furcht, dass nach der IKB weitere Banken insolvent werden. Deshalb trocknet der Interbankenhandel mit Liquidität schlagartig aus. Um vorzubeugen, dass einzelne Banken illiquide werden, stellt die Europäische Zentralbank (EZB) den Banken eintägige Kredite in Höhe von 94,8 Milliarden Euro zum Zinssatz von 4 Prozent zur Verfügung.

16. August: Amerikas größte Hypothekenbank Countrywide nimmt bei 40 Banken einen Notkredit über 11,5 Milliarden Dollar auf.

17. August: Nach der IKB benötigt auch die Landesbank SachsenLB eine Liquiditätshilfe, um Kreditzusagen an die irische Zweckgesellschaft „Ormond Quay“ einhalten zu können. Die Sparkassen-Finanzgruppe springt der Sachsen LB mit einer Kreditlinie in der atemberaubenden Höhe von 17,3 Milliarden Euro zur Seite. Aus Sorge, dass die

Kreditkrise die Konjunktur dämpfen wird, senkt die amerikanische Notenbank ihren Leitzins überraschend kräftig von 5,75 auf 5,25 Prozent. Bis April 2008 wird sie den Leitzins in mehreren Schritten auf 2 Prozent zurücknehmen.

27. August: In einer dramatischen Rettungsaktion übernimmt die Landesbank Baden-Württemberg (LBBW) die schwer angeschlagene Sachsen LB.

31. August: Der sächsische Finanzminister Horst Metz kündigt wegen des SachsenLB-Debakels seinen Rücktritt an. Zuvor war bereits der Chef der SachsenLB, Herbert Süß, zurückgetreten. Der amerikanische Präsident George Bush kündigt Unterstützung für Eigenheimbesitzer an, die durch hohe Zinslasten in Not geraten sind.

1. September: Die Bayerische Landesbank beziffert ihr Subprime-Engagement auf 1,9 Milliarden Euro. Insgesamt hat sie drei Zweckgesellschaften im Gesamtvolumen von 16 Milliarden Euro.

12. September: Die britische Notenbank (Bank of England) kündigt an, sie werde den Banken – anders als die EZB – nicht mit Liquiditätshilfen beiseite springen.

14. September: Die Bank of England springt der Hypothekenbank Northern Rock mit einer Liquiditätshilfe bei. In den folgenden Tagen stehen verängstigte Sparer vor den Filialen von Northern Rock Schlange, um ihr Geld in Sicherheit zu bringen.

17. September: Die britische Regierung teilt mit, alle Kundeneinlagen bei Northern Rock zu garantieren. Das entspannt die Lage.

19. September: Die britische Notenbank pumpt 10 Milliarden Pfund in den Geldmarkt. Sie erweitert das Spektrum der Wertpapiere, die sie als Pfand akzeptiert.

1. Oktober: Die UBS kündigt milliardenschwere Wertberichtigungen und den ersten Quartalsverlust seit neun Jahren an.

11. Oktober: Die Ratingagentur Moody's gibt bekannt, die Bewertungen von mehreren Tausend forderungsbesicherten Wertpapieren heruntergesetzt zu haben. Dies nährt die Spekulation auf weiter sinkende Dollar-Leitzinsen, was wiederum an den Aktienmärkten stimuliert. Der Leitindex Dow Jones Industrials erreicht mit 14.198 Punkten ein Rekordhoch.

15. Oktober: Mehrere amerikanische Großbanken geben den Plan für einen „Super-Fund" bekannt, der krisengeschüttelte Zweckgesellschaften stützen soll. Nach wochenlangen Beratungen wird daraus nichts.

17. Oktober: Auch die Ratingagentur Standard & Poor's stuft mehr als Tausend forderungsbesicherte Wertpapiere herab.

30. Oktober: Die Investmentbank Merrill Lynch entlässt ihren Chef Stan O'Neal, der aus aufgelaufenen Ansprüchen insgesamt 161,5 Millionen Dollar erhält. Zuvor hatte die Bank den mit 2,2 Milliarden Dollar höchsten Quartalsverlust ihrer Geschichte erlitten.

5. November: Charles Prince, der Chef von Amerikas größter Bank, muss zurücktreten. Zuvor hatte die Bank weitere Wertberichtigungen in Höhe von 8 bis 11 Milliarden Dollar angekündigt.

7. November: Die Krise springt auf die amerikanischen Anleiheversicherer über, die mit Subprime-Krediten unterlegte Wertpapiere gegen Ausfall versichert haben. Die Ratingagenturen stufen die Noten für einen dieser „Monoliner" zurück.

14. November: Die Ratingagentur Fitch teilt mit, in jüngster Zeit CDOs im Gesamtvolumen von 14 Milliarden Dollar von der Bestnote AAA direkt auf den Status von Ramschanleihen zurückgestuft zu haben.

20. November: Der halbstaatliche amerikanische Immobilienfinanzierer „Freddie Mac" berichtet über einen Quartalsverlust von 2 Milliarden Dollar. Die Aktie fällt um 28 Prozent.

27. November: Die Citigroup besorgt sich 7,5 Milliarden Dollar an frischem Eigenkapital, indem sie einen Anteil von 4,9 Prozent an den Staatsfonds von Abu Dhabi verkauft.

29. November: Die Landesbank Baden-Württemberg berichtet über Wertberichtigungen in Höhe von 800 Millionen Euro.

10. Dezember: Die UBS muss weitere 10 Milliarden Dollar an Subprime-Engagements wertberichtigen und besorgt sich 13 Milliarden Dollar frisches Eigenkapital bei Investoren in Singapur und dem Nahen Osten.

12. Dezember: Die Europäische Zentralbank, die amerikanische Notenbank (Fed) und weitere Notenbanken kündigen gemeinsame Maßnahmen an, um die Geldmärkte über den Jahresultimo mit zusätzlicher Liquidität zu versorgen. Die Lage am Geldmarkt bleibt gleichwohl angespannt.

19. Dezember: Die Investmentbank Morgan Stanley berichtet über den ersten Quartalsverlust in ihrer Geschichte. Um frisches Eigenkapital zu beschaffen, verkauft sie für 5 Milliarden Dollar eine Beteiligung von 10 Prozent an die China Investment Company.

2. Januar: An der New Yorker Terminbörse kostet das Barrel Rohöl (159 Liter) zum ersten Mal 100 Dollar. Auch die Preise für mehrere Grundnahrungsmittel sind stark gestiegen. Der Foodstuff-Index für 22 agrarische Rohstoffe liegt bei 341 Punkten, 25 Prozent höher als ein Jahr zuvor.

15. Januar: Die Citigroup berichtet über einen Quartalsverlust von 9,8 Milliarden Dollar und kündigt eine Dividendenkürzung sowie die Beschaffung von frischem Kapital bei ausländischen Investoren an. Der deutsche Immobilienfinanzierer Hypo Real Estate berichtet über Wertberichtigungen bei Subprime-Engagements und kündigt eine Dividendenkürzung an. Die Aktie fällt um 29 Prozent.

21. Januar: Panikartige Verkäufe lassen die Aktienkurse rund um den Globus abstürzen. Der Deutsche Aktienindex Dax verliert 6,6 Prozent. Einige Tage später wird bekannt, dass die französische Großbank Société Générale in großem Stil Dax-Terminkontrakte verkauft hat, um die verlustreiche Position eines Händlers glattzustellen.

22. Januar: In Reaktion auf den Kurssturz senkt die amerikanische Notenbank Fed ihren Leitzins überraschend von 4,25 auf 3,5 Prozent.

24. Januar: Die Société Générale gibt bekannt, durch unerlaubte Aktienspekulationen eines Händlers 4,9 Milliarden Euro verloren zu haben.

30. Januar: Die Fed senkt den Leitzins auf 3 Prozent.

19. Februar: Credit Suisse teilt nur eine Woche nach Veröffentlichung des Jahresergebnisses mit, weitere 2,9 Milliarden Dollar Wertberichtigungsbedarf zu haben.

27. Februar: Sorgen über die amerikanische Konjunktur bringen den Dollar unter Druck. Der Euro übersteigt erstmals 1,50 Dollar.

7. März: Der Crossover-Index für Risikoprämien, ein vielbeachtetes Krisenbarometer, erreicht mit 647 Punkten einen Höchststand. Vor Ausbruch der Krise hatte er bei rund 100 Punkten gelegen.

13. März: Die Anleger flüchten sich in die Sicherheit. Das lässt den Preis für die Feinunze Gold erstmals über 1.000 Dollar steigen. Die amerikanische Regierung kündigt Maßnahmen an, die Kreditmärkte strenger zu kontrollieren.

13. März: Der Hypothekenfonds Carlyle mit Engagements in Höhe von rund 16 Milliarden Dollar steht vor dem Zusammenbruch. Er hatte für jeden Dollar Eigenkapital 31 Dollar an Krediten aufgenommen.

14. März: Die Allianz-Gruppe kündigt an, ihre Tochtergesellschaft Dresdner Bank aufzuspalten. Anlass dazu sind hohe Verluste im Investmentbanking der Dresdner Bank.

15. März: Die amerikanische Investmentbank Bear Stearns muss von der amerikanischen Notenbank Fed gestützt werden. Über das Wochenende wird fieberhaft an einer Rettungsaktion gearbeitet.

17. März: Notverkauf von Bear Stearns an die Großbank JP Morgan Chase. Die Fed garantiert verlustträchtige Wertpapiere in Höhe von fast 30 Milliarden Dollar. Die Fed und die Bank of England weiten ihre Liquiditätshilfen für das Finanzsystem drastisch aus. Am Nachmittag kursieren Gerüchte, auch die Investmentbank Lehman Brothers sei von Illiquidität bedroht. Die Kurse der Bankaktien stürzen ab. Der Dax verliert 4,2 Prozent, der Euro steigt auf das Rekordhoch von 1,5904 Dollar. Deutsch-Bank-Chef Josef Ackermann sagt auf einer Podiumsdiskussion, er glaube nicht mehr „allein an die Selbstheilungskräfte des Marktes".

18. März: Die Fed senkt den Leitzins von 3 auf 2,25 Prozent.

19. März: Der Chef der BayernLB, Werner Schmidt, tritt wegen hoher Wertberichtigungen auf Wertpapiere zurück. Gerüchte über eine Schieflage der britischen Großbank HBOS erweisen sich als unbegründet. Später wird die Bank of England eine strenge Untersuchung gegen die Urheber der Gerüchte einleiten, die offenbar gestreut wurden, um den Kurs der HBOS-Aktie zu drücken und davon zu profitieren.

22. März: Die IKB gibt weitere Verluste bekannt, die KfW gewährt einen weiteren Kredit über 450 Millionen Euro.

26. März: Die Deutsche Bank stellt ihr Gewinnziel für 2008 wegen weiterer möglicher Wertberichtigungen und niedrigerer Erträge in Frage. EZB-Präsident Jean-Claude Trichet lässt Bereitschaft erkennen, Banken schärferen Regeln zu unterwerfen.

1. April: Die UBS muss weitere 12 Milliarden Euro wertberichtigen, die Deutsche Bank 2,5 Milliarden Euro. UBS-Verwaltungsratschef Marcel Ospel muss gehen. Die Aktienbörsen haussieren, da viele Anleger glauben, dass der Tiefpunkt der Krise nun durchschritten sei.

2. April: Amerikas Notenbankchef Ben Bernanke schließt eine Rezession nicht mehr aus.

3. April: Die BayernLB räumt ein, dass die Wertberichtigungen auf Wertpapiere 4,3 Milliarden Euro betragen.

4. April: Die EU-Finanzminister und Notenbankchefs beschließen, besser zusammenzuarbeiten, um Finanzkrisen vorzubeugen.

7. April: Die Chefin der staatlichen Bank KfW, Ingrid Matthäus-Maier, tritt wegen der Milliardenverluste der IKB, bei der die KfW Großaktionär ist, zurück.

8. April: Der Internationale Währungsfonds schätzt, dass die Finanzkrise die Banken und Großinvestoren insgesamt fast eine Billion Dollar kosten könnte.

9. April: Der internationale Bankenverband IIF schlägt ein Paket von Maßnahmen vor, um künftig Bankenkrisen zu vermeiden.

12./13. April: Auf der Jahrestagung des Internationalen Währungsfonds regen die Finanzminister und Notenbankchefs der sieben führenden Industrienationen zahlreiche Maßnahmen an, um die akute Krise zu überwinden und künftigen Krisen vorzubeugen.

14. April: Der sächsische Ministerpräsident Georg Milbradt kündigt wegen des Debakels der SachsenLB seinen Rücktritt an.

21. April: Um die Liquiditätsnot der Banken zu lindern, nimmt die Bank of England Hypothekenanleihen im Volumen von 50 Milliarden Pfund über eine Art Kreditgeschäft in Zahlung.

22. April: Der Dollar steht wegen der krisenbedingten Rezessionsängste unter Abwertungsdruck. Der Eurokurs übersteigt erstmals 1,60 Dollar.

29. April: Die Deutsche Bank teilt mit, wegen hoher Wertberichtigungen im ersten Quartal 141 Millionen Euro verloren zu haben – der erste Quartalsverlust seit 2003.

14. Mai: Bundespräsident Horst Köhler kritisiert „bizarr hohe Vergütungen" für einzelne Finanzmanager. Die internationalen Finanzmärkte hätten sich „zu einem Monster entwickelt".

30. Mai: Der amerikanische Kongress leitet eine Überprüfung ein, ob illegale Preismanipulationen zum starken Anstieg des Ölpreises beigetragen haben.

9. Juni: Die Investmentbank Lehman Brothers berichtet über einen Rekordverlust von 2,8 Milliarden Dollar in ihrem zweiten Quartal; sie will 6 Milliarden Dollar frisches Kapital aufnehmen. Royal Bank of Scotland nimmt, unter Schwierigkeiten, 15 Milliarden Euro an Kapital auf.

16. Juni: Die EU-Kommission plädiert dafür, die Ratingagenturen einer Aufsicht zu unterwerfen.

19. Juni: Die Finanzkrise zieht weitere Kreise: Die Citigroup kündigt beträchtlichen Wertberichtigungsbedarf nicht nur für Hypothekenanleihen, sondern auch für Übernahme-

und Verbraucherkredite an. Die Ratingagentur Moody's stuft die Bewertungen der beiden größten Anleiheversicherer Ambac und MBIA deutlich herab.

20. Juni: Die Schwäche der Bankaktien drückt den Euro-Stoxx-50-Index auf den tiefsten Stand in zwei Jahren.

27. Juni: Spekulationen über weiteren Wertberichtigungsbedarf drücken die Aktie der Deutschen Bank auf einen mehrjährigen Tiefstand.

30. Juni: Rohöl wird in New York mit 140 Dollar je Barrel gehandelt, 40 Prozent höher als zu Jahresbeginn. Der Foodstuff-Index liegt bei 442 Punkten, das sind 30 Prozent mehr als Anfang des Jahres.

1. Juli: Angetrieben vom hohen Ölpreis steigt die Inflation im Euro-Raum im Juni auf das Rekordhoch von 4 Prozent.

11. Juli: Der kalifornische Immobilienfinanzierer Indymac muss wegen drohender Insolvenz vom Einlagensicherungsfonds übernommen werden. Die Börsen sind hochnervös, vor allem Bankaktien rutschen ab. Auch die beiden halbstaatlichen Immobilienfinanzierer Fannie Mae und Freddie Mac, die zusammen rund 5.000 Milliarden an Hypothekenkrediten angekauft oder garantiert haben, gelten als angeschlagen.

13. Juli: Nach einer Krisensitzung kündigen die amerikanische Regierung und die Notenbank am Sonntag Maßnahmen an, die Fannie Mae und Freddie Mac stabilisieren sollen.

15. Juli: An den Börsen geben Bankaktien wegen der Angst vor weiteren Wertberichtigungen in Milliardenhöhe stark nach. Die amerikanische Börsenaufsicht verbietet vom 21. Juli an für 19 Finanzwerte Leerverkäufe. Der Dollar gerät unter Druck, das lässt den Euro auf das Rekordhoch von 1,6038 Dollar steigen. Der amerikanische Notenbankchef Ben Bernanke warnt vor der Gefahr einer Wachstumsschwäche. Der Ölpreis, der am 11. Juli mit 147,27 Dollar je Barrel (159 Liter) ein Rekordhoch erreicht hatte, fällt um mehrere Dollar. In Spanien meldet die größte Immobiliengesellschaft Insolvenz an.

17. Juli: In Washington legt der weltgrößte Bankenverband Institute of International Finance (IIF) einen umfangreichen Bericht vor, welche Konsequenzen die Banken aus der Krise ziehen sollten. Deutsche Bank-Chef Josef Ackermann, der den IIF führt, will mit den Reformenvorschlägen einer strengeren staatlichen Regierung der Finanzbranche vorbeugen.

29. Juli: Die Investmentbank Merrill Lynch verkauft ein milliardenschweres Portefeuille mit Problemkrediten und erhält dabei je Dollar Nominalwert nur 22 Cent. Das löst Sorgen über weitere hohe Verluste der Banken im dritten Quartal aus.

30. Juli: Der Verband amerikanischer Wirtschaftsprüfer verschiebt eine Regelung, welche die Banken gezwungen hätte, von 2009 „Schattenbanken" im Volumen von 5.000 Milliarden Dollar auf die eigenen Bücher zu nehmen und mit Eigenkapital zu unterlegen.

31. Juli: Die Deutsche Bank meldet für das zweite Quartal krisenbedingte Wertberichtigungen von 2,3 Milliarden Euro, insgesamt sind es nun seit Beginn der Krise 7,3 Milliarden Euro. Die direkten und indirekten Folgen der Krise, die immer weitere Kreise zieht, belasten auch die Quartalsergebnisse vieler weiterer Finanzkonzerne im In- und Ausland.

8. August: Um Strafanzeigen durch geprellte Anleger vorzubeugen, kündigen mehrere Banken an, amerikanische „Auktionspapiere" im Volumen von 36 Milliarden Dollar zurückzukaufen. Auch anderen Banken droht, diese Spezialpapiere mit Verlusten zurückkaufen zu müssen. In China beginnen die Olympischen Spiele. Der chinesische Aktienindex ist seit Jahresbeginn um rund 50 Prozent gefallen, der Deutsche Aktienindex Dax um rund 20 Prozent.

15. August: In Amerika springt die Inflationsrate auf 5,6 Prozent, im Euro-Raum betrug sie im Juli 4,1 Prozent. Doch an den Finanzmärkten steht im Vordergrund, dass die Angst vor einer krisenbedingten globalen Wachstumsschwäche die Rohstoffpreise fallen lässt. Der CRB-Rohstoffindex liegt bei 382 Punkten, Anfang Juli hatte er mit 474 Punkten ein Rekordhoch erreicht. Das Barrel Rohöl kostet nur noch 114 Dollar. Der Goldpreis ist auf 773 Dollar je Feinunze abgesackt. Der Euro kostet nur noch 1,47 Dollar.

Banken in der Bredouille

Gerald Braunberger

Im Frühjahr 2008 hatten Experten wie der Deutsche Bank-Chef Josef Ackermann angekündigt, die Finanzkrise wäre vermutlich vorüber. Im Sommer 2008 begann ihre vierte Welle – nach drei vorangegangenen Wellen im Sommer 2007, im Herbst 2007 und im März 2008. Dieses Mal kehrte die Krise an ihren Ursprung zurück: den amerikanischen Hypothekenmarkt.

Mitte Juli 2008 mussten die Aufsichtsbehörden die kalifornische Hypothekenbank Indy-Mac schließen, da das Institut zahlungsunfähig war. Indy-Mac war nicht die erste und vermutlich auch nicht die letzte amerikanische Hypothekenbank, die entweder unterging oder sich, wie der frühere Marktführer Countrywide Financial, in die Arme einer Großbank flüchten musste.

Der Fall mittelgroßer Hypothekenbanken ist nicht dazu angetan, das internationale Finanzsystem in eine Krise zu stürzen. Doch nun begannen zwei große Finanzhäuser zu wanken, die in Amerika einen legendären Ruf genießen: Fannie Mae und Freddie Mac. Es handelt sich um zwei vom Staat gegründete, aber als private Aktiengesellschaften organisierte Riesen, die von Hypothekenbanken Kredite aufkaufen. Das Geld hierfür besorgen sie sich durch die Ausgabe von Anleihen, die auch von ausländischen Großanlegern gerne gekauft werden. Das Geschäft war sehr einträglich, da sich die beiden Häuser zu genauso günstigen Konditionen verschulden konnten wie der Staat. Die Anleger – und mit ihnen die Ratingagenturen – gingen davon aus, dass im Falle des Falles der Staat die beiden Banken retten würde.

Für diese Annahme existierten gute Gründe, denn für die beiden Häuser galt der amerikanische Spruch: too big to fail („zu groß, um unterzugehen"). Die Hälfte der von amerikanischen Hypothekenbanken an Privatkunden vergebenen Wohnungsbauskredite wurden von den Banken an Fannie Mae und Freddie Mac weiterverkauft – ein Untergang von Fannie Mae und Freddie Mac wäre für den amerikanischen Wohnungsmarkt eine Katastrophe, aber auch eine Katastrophe für den Kapitalmarkt, weil Anleger im Vertrauen auf die Solidität der beiden Häuser von ihnen Anleihen im Wert von mehreren Billionen Dollar erworben hatten.

Im Juli 2008 gerieten Fannie Mae und Freddie Mac in Schwierigkeiten, nachdem die Aktienkurse der beiden Unternehmen schon seit Monaten gesunken waren und Gerüchte über einen zusätzlichen Bedarf an Eigenkapital zu kursieren begonnen hatten. Die amerikanischen Behörden reagierten sofort und gaben Garantien für die beiden Häuser ab. Danach beruhigte sich die Lage zunächst einmal.

Zeit für eine Zwischenbilanz: Die Finanzmarktkrise hat das internationale Bankensystem bislang einen dreistelligen Milliardenbetrag gekostet und den Aktionären der Kreditinstitute schwere Verluste beschert. Um ihre Reserven aufzufüllen, mussten die Banken zwischen Juli 2007 und Juli 2008 gut 204 Milliarden Euro zusätzliches Eigenkapital ausgeben. Im gleichen Zeitraum gingen 90.000 Arbeitsplätze verloren. Das internationale Banksystem erlebte seine schlimmsten Stunden seit Jahrzehnten. Es können viele Jahre vergehen, bis die Banken ihre alte Ertragskraft wieder erreichen – sofern es ihnen überhaupt noch einmal gelingt.

Denn die Krise erfasste nicht nur kleinere Institute wie die IKB oder deutsche Landesbanken; sie traf vor allem die im Investmentbanking tätigen großen privaten Bankhäuser. Wie sehr in der vorangegangenen Phase der Euphorie das Risikobewusstsein ausgeschaltet war, belegt der Fall der französischen Société Générale, die lange zu den renommiertesten Banken der Welt zählte. Dort gelang es einem Händler namens Jérôme Kerviel, alle Kontrollmechanismen zu umgehen und ein derart großes Rad zu drehen, dass die Bank auf einen Schlag fast 5 Milliarden Euro verlor.

Die Krise brachte vor allem amerikanische, britische und schweizerische Großbanken in Schwierigkeiten. Die spanischen und italienischen Häuser hingegen blieben weitgehend ungeschoren, da sie sich vom amerikanischen Hypothekenmarkt ferngehalten hatten. In Deutschland hielt sich die Deutsche Bank, die zu den größten Investmentbanken der Welt zählt, im Vergleich zu anderen großen Investmentbanken gut, da sie schon zu Beginn der Krise ihre Risiken erheblich reduziert hatte. Aber auch ihr Börsenwert halbierte sich innerhalb von zwölf Monaten, und wenn sie vor Krisenbeginn noch zu den größten 25 Banken der Welt zählte, findet man sie heute nicht mehr unter den ersten 30.

Anderen Banken erging es jedoch noch viel schlimmer, wie die folgenden vier Episoden belegen.

Schweizer Leichtsinn

Die UBS war viele Jahre lang eine der größten und prestigeträchtigsten Banken der Welt. In der Rangliste der wertvollsten Finanzhäuser besaß sie einen Platz unter den ersten Fünf; und nicht nur Deutsche-Bank-Chef Josef Ackermann pries das Geschäftsmodell der Zürcher Großbank als vorbildlich. Die UBS konzentrierte sich auf zwei als ertragsstark und zukunftsweisend geltende Sparten: das Investmentbanking – womit man im Wesentlichen die Geschäfte an den Finanzmärkten bezeichnet – und die Vermögensverwaltung für betuchte Kunden. In beiden Sparten zählte die UBS, die als Verkörperung Schweizer Solidität galt, zu den führenden Finanzhäusern der Welt.

Am 5. Juli 2007 teilte die UBS mit, dass ihr Vorstandsvorsitzender Peter Wuffli sich von seiner Position zurückziehe und auch nicht, wie in der Vergangenheit besprochen, in den als Aufsichtsgremium dienenden Verwaltungsrat einziehen werde. Zum Nachfolger Wufflis wurde dessen Stellvertreter Marcel Rohner ernannt.

Diese Nachricht kam sehr überraschend, denn Wuffli hatte die UBS seit Dezember 2001 mit Erfolg geführt; überdies befand er sich mit 50 Jahren im besten Alter und er besaß den Ruf eines risikobewussten Bankers. Bald erinnerte man sich jedoch, dass die UBS im Mai Verluste im Zusammenhang mit dem amerikanischen Hedge-Fonds Dillon Read Capital Management (DRCM) eingeräumt hatte, der am dortigen Immobilienmarkt stark investiert war. Sollte das Debakel dieses Fonds so gewaltig sein, dass es Wuffli seinen Stuhl gekostet hatte?

Die wichtigste Ursache der Krise war ein Kontrollverlust der Zürcher Konzernzentrale über Teile des Amerika-Geschäfts. Um dort einen im Investmentbanking sehr erfolgreichen, aber abwanderungswilligen Manager an die Bank zu binden, hatte die Zentrale mit dem Mann einen Deal geschlossen: Sie unterstütze den von ihm gegründeten Hedge-Fonds DRCM mit 3,5 Milliarden Dollar Kapital und stellte ihm mehr als 100 erfahrene Händler zur Verfügung. Dafür wollte sie von den erwarteten Riesengewinnen des Fonds profitieren. In der zweiten Jahreshälfte 2005 stieg DRCM in großem Stil in den amerikanischen Hypothekenmarkt ein – eine im Nachhinein verheerende Strategie, die aber von bei der UBS verbliebenen Händlern in New York kopiert wurde – und das in großem Stil.

Lediglich 300 von mehr als 80.000 Mitarbeitern führten die Bank an den Rand des Abgrunds.

Als die Krise ausbrach, erwischte sie die UBS mit einer ungeheuren Wucht. Zwischen Juli 2007 und dem Frühjahr 2008 musste sie auf ihre Forderungen in Amerika Wertberichtigungen über sage und schreibe 25 Milliarden Euro vornehmen. Als Folge dieser ungeheuren Einbußen schrieb die Bank nicht nur Verluste; sie sah sich auch gezwungen, mehrfach neue Aktien auszugeben und auf diese Weise Staatsfonds aus Singapur und dem arabischen Raum in ihren Aktionärskreis aufzunehmen – was früher undenkbar gewesen wäre. Der Aktienkurs stürzte ab; der Börsenwert der Bank reduzierte sich innerhalb von zwölf Monaten von 156 auf 62 Milliarden Franken.

Dies ging mit einem Abstieg aus der ersten Liga einher: Die UBS war auf ihrem Höhepunkt einmal die – gemessen am Börsenwert – zweitgrößte Bank der Welt gewesen. Nun rangiert sie um Platz 20. Im Frühjahr 2008 musste schließlich auch der vorher allmächtige Verwaltungsratspräsident Marcel Ospel gehen, der die Expansion der Bank in den Vereinigten Staaten energisch vorangetrieben hatte. Er hinterließ eine innerlich schwer erschütterte Bank, deren Namen Schaden genommen hat und die vermutlich Jahre zur Bewältigung dieses Debakels benötigen wird.

Bankansturm in drei Buchstaben. So liest man es häufig in Kreuzworträtseln und nicht nur Finanzprofis kennen die Antwort: Run. In Deutschland verbindet sich der Begriff Run mit der großen Bankenkrise des Jahres 1931, als die Kunden ihre Bankfilialen stürmten, um ihr Geld in Sicherheit zu bringen.

Mitte September 2007 wiederholten sich diese Szenen – dieses Mal in Großbritannien und dort vor den Filialen der Hypothekenbank Northern Rock. Die Fernsehbilder gingen um die Welt und erinnerten die Menschen auf unangenehme Weise daran, dass Banken auch im beginnenden 21. Jahrhundert Gefahren ausgesetzt sein können.

Northern Rock war keine sehr bedeutende Bank, sondern nur der fünftgrößte britische Baufinanzierer. Im Herbst 2007 wurde Northern Rock das Opfer einer sehr starken Expansion in den Vorjahren. Die Bank war kräftig gewachsen und hatte dieses Wachstum vor allem durch Kreditaufnahmen bei anderen Banken finanziert, da sie nicht allzu viele Einlagen von Privatkunden besaß. Als sich im September die Banken zu misstrauen begannen und ihre Kreditvergaben untereinander reduzierten, sah sich Northern Rock plötzlich in Liquiditätsnöten. Die Bank of England, die in ihrer Rolle als Notenbank als Retter in der Not hätte einspringen können, winkte ab und verwies auf ein Prinzip aus dem 19. Jahrhundert, wonach es nicht Aufgabe einer staatlichen Notenbank sein dürfe, eine durch eigenes Verschulden in Not geratene private Bank herauszuhauen.

Dieser hehre Grundsatz hielt so lange, bis die Schwierigkeiten von Northern Rock öffentlich wurden und sich vor den Filialen der Hypothekenbank lange Schlangen verängstigter Kunden bildeten, die ihre Einlagen abheben wollten. Die Sorge vor einer allgemeinen Vertrauenskrise in das Banksystem bewog die Bank von England, nun doch Northern Rock mit Notfallkrediten über insgesamt 27 Milliarden Pfund vor dem Zusammenbruch zu bewahren. Nach einer fünf Monate währenden vergeblichen Suche nach einem Käufer für die Hypothekenbank entschloss sich die Regierung, Northern Rock zu verstaatlichen. Die Bank will sich gesund schrumpfen, die Zahl der Arbeitsplätze um ein Drittel reduzieren und ihren Marktanteil im britischen Hypothekengeschäft von 9 auf 2,5 Prozent zurückfahren. Die Sanierung der schwer erschütterten Bank wird lange dauern: Nach eigener Einschätzung wird Northern Rock mindestens bis zum Jahre 2011 Verluste schreiben.

Bear Stearns geht unter

Mit 74 Jahren darf man sich schon einmal etwas entspannen. Und so spielt James Cayne gerne Golf und Bridge. Dagegen wäre nichts zu sagen, wenn der Amerikaner nicht gleichzeitig Vorstandsvorsitzender der New Yorker Investmentbank Bear Stearns gewesen wäre. Bear Stearns geriet während der Finanzmarktkrise drei Mal in Schwierigkeiten. Beim ersten Mal befand sich Cayne auf einem Bridgeturnier in Nashville, Tennessee – ohne Handy und E-Mail-Anschluss, versteht sich. Beim zweiten Mal befand sich Cayne auf dem Golfplatz. In der dritten Krise war Cayne nicht mehr Vorstandsvorsitzender, sondern „nur" Aufsichtsratschef. Aber auch der Rückzug des Veteranen aus dem Tagesgeschäft konnte die angeschlagene Bank nicht mehr retten.

Am Vormittag des 13. März 2008 versammelte der neue Vorstandsvorsitzende Alan Schwartz die 40 wichtigsten Führungsmitglieder der Bank in einem Sitzungssaal in der 12. Etage des Bürogebäudes der fünftgrößten amerikanischen Investmentbank. Der Aktienkurs war nach der Börseneröffnung eingebrochen, weil an der Wall Street Gerüchte kursierten, Bear Stearns befinde sich in ernsthaften Liquiditätsnöten. „Das alles ist blanker Unsinn", sagte Schwartz, doch wurde er von einem erfahrenen Manager unterbrochen: „Wissen Sie eigentlich, was los ist? Das Geld fliegt geradezu weg. Wir werden von unseren Kunden verlassen."

Das war leider richtig. Das Misstrauen in die Zahlungsfähigkeit von Bear Stearns, das sich über mehrere Tage aufgebaut hatte, ließ die Kundeneinlagen an diesem 13. März schmelzen wie Schnee in der Frühlingssonne. Ihre Reserven, die drei Tage zuvor noch über 18 Milliarden Dollar betragen hatten, waren nahezu aufgebraucht. Nicht zuletzt große Hedge-Fonds und europäische Banken lösten ihre

 Guthaben auf und zwangen die Investmentbank in die Knie. Am Abend des 13. März erkannte Schwartz, dass die Lage unhaltbar war und die Bank am nächsten Tag zahlungsunfähig zu werden drohte. So rief er den Vorstandsvorsitzenden der Großbank J.P. Morgan Chase, James Dimon, an, um ihm die Übernahme von Bear Stearns anzubieten. Dimon feierte gerade mit seiner Familie in einem griechischen Restaurant seinen 52. Geburtstag. Dimon konnte zwar nicht auf der Stelle eine Übernahme zusagen, versprach aber Hilfe.

Derweil füllte sich die Konzernzentrale von Bear Stearns mit Rechtsanwälten, die für den Fall der Fälle noch in der Nacht vom 13. auf den 14. März einen Konkursantrag für den Konzern und seine nahezu 400 Tochtergesellschaften vorbereiten wollten. Schwartz beeilte sich, eine Sitzung des Aufsichtsrats zu organisieren, an der eine Reihe von Mitgliedern nur telefonisch teilnehmen konnte. Gar nicht aufzutreiben war der Vorsitzende des Aufsichtsrats, der Veteran James Cayne. Er spielte gerade ein Bridgeturnier in Detroit. Gegen Mitternacht schaute ein Team von Händlern von J.P. Morgan vorbei, um einen Blick in die Handelsbücher des bisherigen Konkurrenten zu werfen. „Wir müssen mit der Fed reden", meinten sie anschließend und begaben sich in einen Konferenzsaal, in dem sich Vertreter der amerikanischen Notenbank eingefunden hatten.

Gegen 5 Uhr morgens begann eine Krisensitzung auf höchster Ebene, an der sich auch der Präsident der Fed, Ben

Bernanke, und Finanzminister Henry Paulson beteiligten.
Lange konnte sich die Runde nicht auf eine Lösung einigen, ehe ein Teilnehmer auf die Uhr schaute und sagte: „Bald werden die Finanzmärkte eröffnen. Was wird es dann wohl geben?" Das Szenario einer Vertrauenskrise in das gesamte Banksystem erschütterte die Runde, zumal in den vergangenen Tagen auch die Investmentbank Lehman Brothers das Opfer von Gerüchten über eine schwierige Zahlungslage geworden war. Gegen 6.45 Uhr erreichte den Vorstand von Bear Stearns eine Mitteilung der Großbank J.P. Morgan Chase. Darin teilte der bisherige Konkurrent mit, er werde für die nächsten 28 Tage Bear Stearns mit den zur Stabilisierung der Bank notwendigen Finanzmitteln ausstatten. Damit wurde gleichzeitig die Übernahme von Bear Stearns durch J.P. Morgan Chase eingeleitet. Die große Panik an den Finanzmärkten blieb dank der Rettung von Bear Stearns über Nacht gottlob aus.

Die Nacht vom 13. auf den 14. März 2008 wurde damals als dramatischster Moment und als Wendepunkt der Finanzmarktkrise angesehen. Für wenige Stunden drohte das Gespenst des Zusammenbruchs einer wenn auch nicht sehr großen, so doch auch nicht ganz unbedeutenden Bank mit all jenen unabsehbaren Folgen, die ein solcher Kollaps für das gesamte Finanzsystem bedeuten könnte. Dass es ausgerechnet Bear Stearns erwischte, kam allerdings nicht ganz unerwartet. Die Schwierigkeiten zweier Hedge-Fonds der Bank hatten im Sommer 2007 die Finanzmarktkrise mit ausgelöst. Auch wenn sich der Aktienkurs der Bank danach erholte, war doch ihr starke Verwicklung in den amerikanischen Hypothekenmarkt wohl bekannt. Bear Stearns war eine mittelgroße Investmentbank, die sich innerhalb ihrer Branche auf einzelne Geschäftszweige konzentrieren musste und daher unter anderem im Hypothekenmarkt ihren Erfolg suchte. Das ging lange gut, führte aber am Ende in den Untergang, auch, weil die Geschäftsführung zu unbefangen agierte. Als sich die Finanzmarktkrise im März 2008 noch einmal verschärfte und das Vertrauen der Banken untereinander einen Tiefpunkt erreichte, war Bear Stearns als selbständiges Haus nicht mehr zu retten, nachdem die Bank einmal ins Gerede gekommen war.

Den Zusammenbruch des Hauses verhinderte allerdings nicht J.P. Morgan Chase, sondern die amerikanische Notenbank Fed. Sie garantierte die Finanzierungslinie von 29 Milliarden Dollar, mit der J.P. Morgan Chase den ehemaligen Konkurrenten Bear Stearns stabilisierte. Während der Staat in Gestalt der Fed das Risiko trug, übernahm J.P. Morgan Chase Bear Stearns für einen geringen Betrag. Den Schaden trugen somit vor allem die Aktionäre von Bear Stearns.

Das Eingreifen der Fed wurde unterschiedlich bewertet. Kritiker stellten heraus, dass die staatliche Notenbank zum ersten Mal seit der Weltwirtschaftskrise der dreißiger Jahre eine private Bank vor dem Untergang gerettet habe, was einen ordnungspolitischen Sündenfall bedeute und die privaten Banken dazu verleite, im Vertrauen auf staatliche Rettung in der Not auch künftig zu große Risiken einzugehen. An den Finanzmärkten selbst wurde die Aktion der Fed dagegen als notwendiger Pragmatismus gewürdigt. Andernfalls hätte die Stabilität des gesamten Finanzsystems auf dem Spiel gestanden, war aus vielen Banken zu hören.

Der Fall der größten Bank

Jahrelang war die Citigroup, gemessen an einem Börsenwert von gut 280 Milliarden Dollar und an der Mitarbeiterzahl von rund 375 000, die größte Bank der Welt. Große Banken gelten als besonders stabil und damit krisenresistent. Dass dieser Eindruck falsch sein kann, belegt bereits das Beispiel der schweizerischen UBS. Dass aber auch die größte Bank der Welt in erhebliche Schwierigkeiten geraten könnte, hatten viele Beobachter nicht vorausgesehen. Dabei bildet Größe eben nicht automatisch ein Stabilitätsmerkmal; vielmehr kommt es darauf an, wie die Größe entstanden ist. Die UBS wurde anfällig, weil sie im Investmentbanking rasch gewachsen war und dabei zu große Risiken akzeptiert hatte. Ähnlich verhielt es sich im Fall der Citigroup.

Die Citigroup war eine ganz große Adresse im Geschäft mit der Verwandlung von Krediten und anderen Forderungen in handelbare Wertpapiere (CDO), darunter auch solche Wertpapiere, die auf Forderungen aus Hypothekengeschäften bestanden. Die Citigroup produzierte solche Wertpapiere und behielt sie in ihrem Bestand, bis sie einen Käufer gefunden hatte. Im Herbst 2007 besaß die Citigroup Bestände über 43 Milliarden Dollar in ihren Büchern, die sie für derartig risikoarm hielt, dass sie sich gegen eventuelle Risiken aus diesen Papieren aus Kostengründen nicht absicherte – eine erstaunliche Sorglosigkeit.

Der Niedergang der Citigroup begann am 11. Oktober 2007, als die Ratingagentur Moody's ihre Bewertung für mehrere Tausend forderungsbesicherte Wertpapiere nach unten korrigierte und sich die Citigroup gezwungen sah, auf ihre Bestände Wertberichtigungen vorzunehmen. Am 15. Oktober gab sie im Zusammenhang mit der Finanzmarktkrise Wertberichtigungen (nicht nur auf CDOs) von 6,4 Milliarden Dollar bekannt. Die seit langem kursierenden Zweifel an der die Kosten treibenden Expansionspolitik des aggressiven Vorstandsvorsitzenden Charles Prince nahmen zu, aber die Wertberichtigungen über 6,4 Milliarden Dollar hätten ihn noch nicht seinen Stuhl gekostet.

Doch nun ging es erst richtig los: Am 17. Oktober kündigte die andere große Ratingagentur Standard & Poor's ebenfalls die Herabstufung zahlreicher forderungsbesicherter Wertpapiere an, von denen die Citigroup stärker betroffen sein würde als von den Herabstufungen von Moody's. An den Kreditmärkten brachen die Kurse forderungsbesicherter Wertpapiere ein. Eine Woche später alarmierten Verantwortliche aus der Kapitalmarktsparte den Finanzvorstand der Citigroup, Gary Crittenden, der für Samstag, den 26. Oktober, eine Krisensitzung in einem außerhalb New Yorks gelegenen Gebäude der Bank einberief. Dort erreichte sie eine schlechte Nachricht aus der Investmentbank Merrill Lynch, die für das dritte Quartal 2007 unerwartet hohe Wertberichtigungen von 8,4 Milliarden Dollar bekanntgab, worauf ihr Vorstandsvorsitzender Stan O'Neal nicht ganz freiwillig zurücktrat. Musste auch die Citigroup eine Verschlechterung ihrer Lage befürchten? Schätzungen ergaben rasch einen zusätzlichen Wertberichtigungsbedarf von rund 10 Milliarden Dollar. „Wie konnten wir nur solche Risiken eingehen?", wunderte sich Crittenden, der unverzüglich den Vorstandsvorsitzenden Prince informierte.

Prince beschloss daraufhin, seinen Rücktritt anzubieten, der einige Tage später angenommen wurde. Neuer Vorstandsvorsitzender wurde Vikram Pandit, der schon bislang dem Führungsgremium angehört hatte. Obgleich Prince die Bank in eine schwere Krise geführt hatte, durfte er mit einem Abfindungspaket von rund 40 Millionen Dollar nach Hause gehen. Damit erging es ihm allerdings deutlich schlechter als seinem Kollegen O'Neal von Merrill Lynch. Er erhielt zum Abschied 161,5 Millionen Dollar.

Seit Beginn der Finanzmarktkrise hat sich die Citigroup zu Wertberichtigungen von rund 50 Milliarden Dollar sowie zu Kapitalerhöhungen gezwungen gesehen, im Rahmen derer sich ausländische Investoren in einem bisher nie gekannten Umfang beteiligen durften. Der Börsenwert der Bank, der einmal 280 Milliarden Dollar überschritt, fiel vorübergehend bis auf weniger als 90 Milliarden Dollar. Pandit will die überdimensionierte Bank energisch gesund schrumpfen und alles verkaufen, was er nicht länger für strategisch notwendig hält. Dazu zählt auch das an sich erfolgreiche Privatkundengeschäft des Konzerns in Deutschland. Wie im Falle der UBS dürfte es mehrere Jahre dauern, bis Pandit die Bank vom Kopf wieder auf die Füße gestellt hat. Die Zeiten, in denen die Citigroup die größte Bank der Welt war, sind vorüber.

Der Untergang der IKB

Holger Appel

Es ist die Woche Ende Juli 2007. Händlern der Deutschen Bank fällt bei ihrem Düsseldorfer Geschäftspartner IKB Deutsche Industriebank eine hohe, womöglich zu riskante Position in Papieren auf amerikanische Hypothekenkredite auf. Die Banker sind nervös, schließlich kommen aus Amerika immer schlechtere Nachrichten vom Immobilienmarkt. Die geforderten Antworten aus der IKB fallen unbefriedigend aus.

Am Freitag eskaliert die Situation. Die Händler informieren ihren Vorstandsvorsitzenden Josef Ackermann, der wiederum Jochen Sanio, den Vorsitzenden der Bundesanstalt für Finanzdienstleistungsaufsicht Bafin. Die Deutsche Bank sperrt die Kreditlinien für den bis dahin mit einem ausgezeichneten Leumund versehenen führenden deutschen Mittelstandsfinanzierer, was ihr später den Vorwurf einträgt, erst das Geschäft betrieben und dann den Partner ans Messer geliefert zu haben.

Am Nachmittag klingeln die Telefone in den Vorstandsetagen der deutschen Finanzwelt. Hektische Betriebsamkeit bricht aus. Binnen einer Stunde möchte die Bafin wissen, wie hoch das Risiko aus nordamerikanischen Hypothekenkreditgeschäften ist. Zwanzig Kreditinstitute geben Auskunft, dann steht fest: Alarm in Düsseldorf. Die IKB Deutsche Industriebank ist in existentiellen Schwierigkeiten.

Über das Wochenende fallen weitere drastische Entscheidungen, die am Montagmorgen öffentlich werden. Die IKB gibt eine Ergebniswarnung heraus. Der Vorstandsvorsitzende Stefan Ortseifen muss seinen Posten räumen. Der staatliche Großaktionär der IKB, die Kreditanstalt für Wiederaufbau (KfW), schickt ihren renommiertesten Finanzexperten an die Spitze der IKB. Günther Bräunig soll das Düsseldorfer Institut retten. Wie gefährlich die Schieflage ist, bleibt zunächst unklar.

Am Dienstag fördert eine Eingabe an die amerikanische Börsenaufsicht SEC eine schier unglaubliche Zahl zutage. Die KfW hat der IKB eine Liquiditätsgarantie über 8,1 Milliarden Euro für Kreditzusagen an amerikanische Anlagegesellschaften gegeben. Man muss sich das auf der Zunge zergehen lassen: eine Garantie über 8,1 Milliarden Euro aus der Hand eines öffentlichen Förderinstituts für die Fehlspekulation einer im Wettbewerb stehenden, mehrheitlich privaten Bank; für eine Bank, die aufsichtsrechtliche Eigenmittel von 4,1 Milliarden Euro ausweist.

Der Öffentlichkeit wird nur langsam klar, was hier geschieht. Außerbilanzielle Investmentvehikel kennen bis zu diesem Tag nur Fachleute. Seit dem 30. Juli 2007 weiß die Öffentlichkeit zumindest um die Wirkung dieses Instruments. Das Datum markiert sozusagen die Stunde Null der deutschen Finanzmarktkrise. Die IKB-Aktie, die nie ein Zockerpapier und in ihrer ganzen Langweile über Jahre eine solide Anlage war, verliert jeden Tag, stürzt schließlich ins Bodenlose. Tausende Kleinanleger werden um ihr Erspartes gebracht. Nicht wenige haben ihre Rente oder wenigstens einen Teil davon in den Papieren aufgebaut. Perdu, weg, vorbei.

Dabei war die Idee der Banker grundsätzlich gar nicht so schlecht. Die IKB, die in ihrem angestammten Geschäftsfeld der Mittelstandsfinanzierung keine Ertragssprünge mehr erwarten kann, sucht zusätzliche Erlösquellen. Die glaubt sie durch Geschäfte am viele Jahre prosperierenden amerikanischen Hypothekenmarkt zu finden. Lange geht das gut, doch dann werden die Banker entweder übermütig, unvorsichtig oder überfordert. Die Position wird immer größer, aus der Beimischung wird ein Klumpenrisiko.

Ob das der Vorstandsvorsitzende Stefan Ortseifen, der Prototyp des konservativ-langweiligen Bankers, fördert, billigt oder übersieht, ist bis heute nicht geklärt. Die IKB jedenfalls gibt Rhineland Funding – einer seit 2002 außerhalb der Bilanz geführten und mit nahezu null Eigenkapital ausgestatteten Zweckgesellschaft – eine milliardenschwere Finanzierungslinie. Deren Geschäftstätigkeit besteht darin, Kredite und Kreditverbriefungen anzukaufen und durch den Verkauf kurzfristiger Wertpapiere zu refinanzieren, was sie im Volumen von rund 13 Milliarden Euro getan hat. Diese Papiere laufen meist nur 30 oder 60 Tage, müssen also immer wieder neu aufgelegt und verkauft werden. Ziel ist es, durch die Fristentransformation einen Gewinn zu erzielen.

Solche Konstruktionen sind fragwürdig und haben zu Missbrauch geführt. Deshalb schreiben neue Regeln vor, dass die Geschäfte der Zweckgesellschaften von der dahinterstehenden Bank bilanziert werden müssen. Zumindest für das Geschäftsjahr 2006/2007 hat die IKB dies unter Berufung auf eine Übergangsregelung nicht getan. Aufgrund der Krise am amerikanischen Hypothekenkreditmarkt verlieren die Papiere an Wert, Käufer für dieselben bleiben aus, das Geschäft geht nicht mehr auf. Die IKB muss Rhineland auffangen, wofür ihr das Geld fehlt. Warum Ortseifen in einer Mitteilung nur zehn Tage vor dem öffentlichen Eingeständnis das Risikopotential aus diesen Geschäften als niedrig bezeichnet und einen guten Geschäftsverlauf mitteilt, steht in den Sternen. Warum der Aufsichtsrat die Geschäfte nicht bremst, ist eine weitere Frage in diesem Bankenkrimi. Hat er die Risiken nicht erkannt? Oder wurde er nicht informiert?

Die KfW jedenfalls wirft sofort einen Rettungsring. Aus ihrem Verständnis ist das ein logischer Schritt. Die Großaktionärin, die die IKB 2001 durch ihren Einstieg vor der Zerschlagung bewahrt hat, rettet deren Existenz zur Stabilisierung des Finanzmarktes und zum Wohle des deutschen Mittelstandes, der der Förderbank vom Main traditionell am Herzen liegt. Sie stellt eine Liquiditätslinie über 8,1 Milliarden Euro bereit – in der Hoffnung, zur Rettung werde höchstens die Hälfte dieses Betrages tatsächlich in Anspruch genommen.

Doch da hat sich die Staatsbank verrechnet. Das Fass hat keinen Boden. Zusätzlich zu dem außerbilanziellen Risiko tauchen Risiken in der Bilanz der IKB auf. Der neue IKB-Vorsitzende Günther Bräunig spricht später auf der Hauptversammlung davon, dass insgesamt Risiken über 15 Milliarden Euro zu bewältigen seien. In vertrauter Runde sagt die KfW-Vorstandssprecherin Ingrid Matthäus-Maier eines Tages desillusioniert: Hätten wir gewusst, was auf uns zukommt, hätten wir womöglich anders entschieden.

Schon im Februar 2008 geht der KfW die Luft aus. Ihr mit 5,3 Milliarden Euro dotierter Fonds für allgemeine Bankrisiken, das über Jahre angelegte Polster für schlechte Zeiten, ist ausgeschöpft. Würde sie zu weiteren Zahlungen gezwungen, müsste sie eine Kapitalerhöhung aus Bundesmitteln durchführen, was als politisch schwierig durchsetzbar gilt, oder Teile ihres Eigenkapitals einsetzen, was ebenfalls als nahezu undenkbar gilt, weil dann die Fördertätigkeit eingeschränkt würde.

Tatsächlich wird die KfW später im Jahr dennoch weiter in Anspruch genommen. Hierzu wird Finanzakrobatik betrieben, Dividendenzahlungen, die dem Bund zustehen, werden gestundet oder verrechnet. Letztlich, das ist jedenfalls der Stand Mitte 2008, hat die Rettung der IKB den Pool aus Banken und Staatsbank etwa 8,5 Milliarden Euro gekostet. Die KfW allein hat nach eigenen Angaben 7,2 Milliarden Euro gegeben (6,8 Milliarden aus der Risikoabsicherung plus 0,4 Milliarden aus der Abschreibung auf den eigenen Aktienanteil) und damit sämtliche Reserven aufgezehrt. Sie ist so sehr getroffen, dass sie sich selbst ein Sparprogramm mit Personalabbau verordnen muss.

Stück für Stück ist die IKB und mit ihr die KfW immer tiefer in den Sumpf geraten. Die Lage ist lange völlig unübersichtlich, wöchentlich kommen neue Hiobsbotschaften. Das Investmentvehikel Rhineland besteht aus 140 Transaktionen, die meisten ausgehandelt in den Jahren 2006 und 2007. Die Kurse fallen und fallen. Marktpreise werden kaum noch gestellt, an manchen Tagen gibt es überhaupt keine Preise mehr. Ein Geschäft nach dem anderen aus dem Rhineland-Paket erreicht seine Auslöseschwelle und wird zur Zahlung fällig. Die IKB braucht ständig neues Geld.

Die Öffentlichkeit ist fassungslos, in Berlin tobt eine politische Schlammschlacht. Die KfW-Vorsitzende Ingrid Matthäus-Maier löst mit einer Bemerkung Kopfschütteln in der Fachwelt aus, obgleich sie womöglich nur ausspricht, was andere, die Glück hatten, auch denken: Die Aufsichtsgremien konnten nicht erkennen, was tatsächlich geschah. Die den Wertpapiergeschäften zugrunde liegenden Verträge seien bis zu 400 Seiten stark, in englischer Sprache verfasst. Über die fatalen Auslöseschwellen und die Rückversicherung durch die IKB finde sich die erste Passage auf Seite 92 eines solchen Vertrages, und die sei so kompliziert, dass selbst Fachjuristen damit Schwierigkeiten hätten, gibt Matthäus-Maier ein konkretes Beispiel. Die KfW-Chefin erntet für ihre Aussage nur Hohn. Dann muss man sich eben Fachleute besorgen oder derartige Geschäfte unterlassen, lautet das einhellige Urteil.

Vom KfW-Verwaltungsrat war bei ehrlicher Betrachtung jedenfalls keine Hilfe zu erwarten. Das mit 37 Mitgliedern überdimensionierte und schwerfällige Aufsichtsgremium ist mit unzähligen Mitgliedern aus Politik und Gesellschaft besetzt, aber fast keiner hat Erfahrung am Finanzmarkt. Der Rat bemerkt nichts von den sich aufbauenden Risiken in der IKB, ebenso wenig wie die anderen Aufsichtsbehörden, ob sie Bundesbank, Bundesanstalt für Finanzdienstleistungsaufsicht (Bafin), Wirtschafts- oder Finanzministerium heißen mögen. Sie alle verlassen sich auf die Aussagen des IKB-Vorstands und die Berichte der Wirtschaftsprüfer. Kurzum: Aus Überforderung, Blindheit und Fehlinformationen hat sich ein explosiver Cocktail gemischt.

Auch der IKB-Aufsichtsratsvorsitzende Ulrich Hartmann argumentiert in diese Richtung. „Mitglieder des Aufsichtsrates haben aufgrund erster Berichte in der Presse in der Aufsichtsratssitzung am 27. Juni 2007 nach einem Engagement der IKB im Subprime-Bereich gefragt. In dieser Sitzung hat der Vorstand zum Ausdruck gebracht, dass daraus keine signifikanten Risiken resultieren. Auch der Abschlussprüfer KPMG hat in dieser Sitzung in einer Weise Stellung genommen, dass der Aufsichtsrat für die IKB keine negativen Schlüsse ziehen konnte. Erst am 27. Juli 2007 hat der Vorstand den Aufsichtsratsvorsitzenden über das Portfolio-Investment, das die Krise der Bank ausgelöst hat, informiert", sagt Hartmann auf der von tumultartigen Szenen durchsetzten Hauptversammlung der IKB in Düsseldorf. Der Aufsichtsrat habe gefragt und nachgefragt, Wirtschaftsprüfer angehört und auf die Ratingagenturen geschaut.

„Mehr kann man kaum machen", sagt Hartmann und erntet Buhrufe im Saal. „Wofür hat man denn einen Wirtschaftsprüfer wie KPMG?", rufen aufgebrachte Aktionäre, andere brüllen „Hartmann raus". In der Erregung geht fast völlig unter, dass der Aufsichtsratsvorsitzende angekündigt hat, am Ende dieser Hauptversammlung sein Amt aus Altersgründen niederzulegen, und der designierte Nachfolger Dieter Ammer kurzfristig mitgeteilt hat, für das Amt nicht mehr zur Verfügung stehen zu wollen. Somit hat die IKB keinen Aufsichtsratsvorsitzenden mehr. Was wirklich vorgefallen ist und wie die Bank dasteht, können an diesem Tag weder Hartmann noch der Vorstandsvorsitzende Günther Bräunig zur Zufriedenheit der Anwesenden erklären. Noch immer erscheint vieles undurchsichtig.

In die Kategorie Undurchsichtig fällt zum Beispiel auch die Konstruktion einer Ausfallversicherung. Die IKB hat den Käufern ihrer Papiere nahezu Unglaubliches zugesagt. Im Falle eines Kursverlustes ist sie bereit, die Papiere zurückzukaufen beziehungsweise den Verlust abzufedern. Hierzu sind zwei Sicherungsinstrumente unter dem Namen Havenrock ins Leben gerufen worden. Havenrock I wurde im August 2006 im Volumen von 4 Milliarden Dollar aufgelegt. Havenrock II schloss sich im Juni 2007 in einem Volumen von 2,5 Milliarden Dollar an. Zwar wurde ein Teil davon wiederum rückversichert, doch womöglich bleibt die IKB trotzdem auf den Zahlungen sitzen. Der amerikanische Anleiheversicherer Financial Guarantee Insurance Company (FGIC) zahlt die geforderten 1,88 Milliarden Dollar nicht und strengt eine Klage gegen die IKB an, weil er sich falsch informiert fühlt.

So lasten im Sommer 2008 auf dem angestoßenen Verkauf der zuvor als integraler Bestandteil der KfW geltenden IKB vier ungelöste Milliardenfragen: Es gibt 6 Milliarden Euro Portfolioinvestments, die nur zum Teil abgesichert sind. Es steht die Klage der FGIC ins Haus. Die im Frühjahr unter Mühen auf der Hauptversammlung beschlossene Kapitalerhöhung über 1,5 Milliarden Euro ist noch nicht vollzogen. Und es besteht eine Besserungsabrede aus künftigen Erträgen über 1,05 Milliarden Euro zugunsten der kreditgebenden KfW. Die IKB wird also auf Jahre hinaus keine Dividende zahlen können. Diese Risiken will keiner der zu diesem Zeitpunkt verbliebenen drei Bieter tragen wollen. Bundesfinanzminister Peer Steinbrück, der aus dem Verkauf des KfW-Anteils an der IKB von inzwischen 45,5 Prozent 800 Millionen Euro erzielen will, war womöglich zu optimistisch. Die Börse bewertet die gesamte IKB zu dieser Zeit nur noch mit 365 Millionen Euro. Das nächste Loch zeichnet sich ab.

Ingrid Matthäus-Maier beobachtet den Verkauf nur noch aus der Ferne. Die seit 1999 im KfW-Vorstand sitzende frühere SPD-Finanzpolitikerin, die Anfang 2006 in einem Machtkampf mit dem damaligen Vorsitzenden Hans Reich die Spitze der KfW erklimmt, gibt im April 2008 auf. Gesundheitlich angeschlagen und entnervt durch, wie sie sagt, „dauerndes parteipolitisches Trommelfeuer“. Auch Ex-KfW-Chef Hans Reich schaut sich das Drama aus der Ferne an. Der langjährige Vorsitzende, von Ausbildung und Naturell ein Banker, hätte womöglich einen anderen Weg gewählt, die IKB-Krise durch Integration der Bank in die KfW zu lösen versucht. Ob ihm das gelungen wäre, bleibt dahingestellt. Vermutlich kann er sich glücklich schätzen, dass er das Chaos nicht bereinigen muss und ihn die Affäre bislang an seinem neuen Arbeitsplatz in der Citigroup nicht eingeholt hat.

Ganz aus der Nähe wird die Aufräumarbeiten Ulrich Schröder begleiten. Der Chef der NRW-Bank übernimmt per September 2008 das Ruder der Staatsbank in Frankfurt und muss dafür sorgen, dass sie wieder in ruhigeres Fahrwasser gelangt. Wohin die IKB steuert, ist indes auch ein Jahr nach Ausbruch der Krise ungewiss. Wie viel Geld ihre Rettung kostet, ebenfalls. Ein schwacher Trost bleibt, falls sich niemand verrechnet hat und nichts übersehen wurde: Wenn alle Risikopositionen geplatzt sind, ist definitiv Schluss. Das wären 15,3 Milliarden Euro. Bundesfinanzminister und Bankenaufsicht sind der Meinung, das war es wert. Der Untergang der (vergleichsweise kleinen) IKB hätte eine Systemkrise ausgelöst, sagen sie. Es gibt nicht wenige Menschen, die diese Ansicht nicht teilen und fragen: Wie viele Schulen hätte man von dem Geld bauen können?

Lädierte Landesbanken

Hanno Mußler und Gerald Braunberger

Die Finanzkrise der Jahre 2007/2008 kommt auch den deutschen Steuerzahler teuer zu stehen. Denn die vom Staat getragenen Landesbanken sind viel stärker betroffen als die deutschen privaten Kreditinstitute. Die Länder müssen mit Staatsbürgschaften für die besonders in Not geratene Sachsen LB, die West LB und voraussichtlich auch die Bayern LB einspringen. Der Sachverständigenrat der Bundesregierung („Fünf Weisen") hat die Landesbanken als ganz besondere Schwachstelle im Finanzsystem ausgemacht. Auch das gewerkschaftsnahe Mitglied Peter Bofinger schließt sich dem Votum des Rats an und empfiehlt die Privatisierung der Landesbanken.

Besonders schlimm hatte es die dem Freistaat Sachsen und den dortigen Sparkassen gehörende Sachsen LB erwischt, die über eine irische Tochtergesellschaft Zweckgesellschaften („Conduits") betrieb, die vor allem in Wertpapiere investiert hatte, hinter denen sich amerikanische Hypothekenkredite verbargen. Refinanziert hatte die Sachsen LB diese Wertpapierkäufe durch die Ausgabe eigener, sehr kurzfristiger Wertpapiere, die eine niedrigere Verzinsung aufwiesen. Aus der Differenz zwischen den beiden Zinssätzen entstammte der Gewinn der Conduits in der Vergangenheit.

Nachdem die IKB in die Krise geraten war, verloren die Banken bald auch ihr Vertrauen in die Sachsen LB, der es nicht mehr gelungen wäre, ihren Wertpapierbestand durch die Ausgabe neuer eigener kurzfristiger Wertpapiere zu refinanzieren. Der Verkauf der im eigenen Bestand befindlichen, auf Hypothekenkrediten basierenden Wertpapiere hätte allerdings sehr hohe Verluste mit sich gebracht, sofern dieser Verkauf überhaupt gelungen wäre. Die Sachsen LB befand sich wegen ihrer beiden Zweckgesellschaften in einer ihre Existenz bedrohenden Krise.

Die Rettung kam am 17. August 2007 durch die Sparkassenorganisation, die der Sachsen LB eine Kreditlinie über 17,3 Milliarden Euro gewährte. Dadurch war die Sachsen LB nicht mehr darauf angewiesen, die Wertpapierbestände ihrer beiden Zweckgesellschaften durch die Ausgabe eigener Papiere zu refinanzieren. Die Sparkassenorganisation verband ihre Hilfe allerdings mit der Forderung, die Sachsen LB müsse sich einen finanzstarken neuen Eigentümer suchen, auch wenn der Verkauf der Landesregierung schwerfiel, die stolz auf ihre sächsische Bank gewesen war. Aber es half nichts. „Wir haben einsehen müssen, dass die Bank in ihrer Situation erpressbar war, deswegen mussten wir schnell und professionell eine Entscheidung treffen, um Schaden vom Freistaat und den Kommunen abzuwenden", sagte Ministerpräsident Georg Milbradt. „Natürlich haben wir eine Klatsche bekommen, und zwar eine derbe, aber ich bin froh, dass wir mit einem blauen Auge herausgekommen sind. Es hätte auch ganz anders ausgehen können."

 Gefunden wurde als Käufer schließlich die Landesbank Baden-Württemberg (LBBW) aus Stuttgart, die 328 Millionen Euro auf den Tisch legte. Allerdings musste das Land Sachsen eine Bürgschaft über 2,75 Milliarden Euro für künftige eventuelle Verluste der Sachsen LB aus ihren missratenen Dubliner Geschäften übernehmen. Sollte das Land Sachsen noch einspringen müssen, wäre der Steuerzahler der Leidtragende.

Das Debakel der Sachsen LB verlangte nach einem personellen Neuanfang. Dass der bisherige Vorstandsvorsitzende Herbert Süß seinen Rücktritt erklärte, war selbstverständlich. Aber auch die Politik war involviert, da mehrere Landesminister dem Aufsichtsgremium der Landesbank angehörten. Zuerst fiel Finanzminister Horst Metz, der sich in den Krisentagen vom damaligen Vorstand der Landesbank zu spät und zu unpräzise informiert fühlte. Vieles spricht dafür, dass der Vorstand der Landesbank in Dresden damals den Überblick über die Dubliner Geschäfte und ihre Folgen verloren hatte. Im Frühjahr 2008 erklärte dann auch Ministerpräsident Milbradt seinen Rücktritt.

Die empfohlenen Privatisierungen der Landesbanken dürften jedoch nicht einfach werden, wie der vom Freistaat Sachsen nur in mühsamen Verhandlungen erzielte Verkaufspreis für die Sachsen LB zeigt. Der Freistaat Sachsen bekam als Kaufpreis nicht mehr als 328 Millionen Euro für die Sachsen LB, die zuletzt ein Eigenkapital von 1,6 Milliarden Euro ausgewiesen hatte.

Die herausragende Betroffenheit der Landesbanken in der Finanzkrise wird von kaum jemandem bestritten. Nach Daten des Sachverständigenrates mussten die Landesbanken bis Juni 2008 immerhin 21 Milliarden Dollar an Finanzanlagen wertberichtigen. Die Folgen sind notwendige Rettungsschirme der öffentlichen Träger, aber auch Gewinneinbrüche.

Internationale Großbanken wie die Citigroup und die UBS mussten zwar deutlich größere Belastungen hinnehmen als deutsche Banken. Und der größte Schadensfall in Deutschland ist mit der IKB eine private, börsennotierte Bank. Doch die Finanzkrise hat fast jedem deutlich gemacht, dass die Landesbanken sich auf die Veränderung ihrer Refinanzierungsbedingungen nicht konsequent eingestellt haben. Seit Juli 2005 bürgt für neue Verbindlichkeiten, die die Landesbanken am Kapitalmarkt aufnehmen, nicht mehr automatisch der Staat. Deshalb mussten die Landesbanken ihr Geschäft umstellen – weg vom Verleihen des mit Staatsbonität günstig eingekauften Geldes an große Kapitalmarktadressen hin zu nachhaltigem Kreditgeschäft mit Firmenkunden. Das hat bei den meisten Banken nicht so schnell geklappt wie erhofft.

In der Finanzkrise haben sich die Refinanzierungskosten wie erwartet für die Landesbanken kräftig erhöht. Wie sich nun gezeigt hat, haben sie aber Kredite zu Konditionen vergeben, mit denen sie nach Abzug der Refinanzierung kaum Gewinne machen. Und viele Landesbanken sind zudem weiterhin mit umfangreichen, in der Finanzkrise im Wert sinkenden Anlagen an den Finanzmärkten engagiert, weil sie das vor 2005 noch günstig aufgenommene Geld nicht sogleich in Kunden-, sondern nur in „Kreditersatzgeschäft“ umsetzen konnten.

Anders als die privaten Großbanken wie Deutsche Bank oder Commerzbank, die immerhin ein hervorragendes ersten Halbjahr 2007 hatten, litten die drei großen öffentlichen Banken – die LBBW, die Bayern LB und die West LB – schon im Gesamtjahr 2007 unter einem starken Gewinneinbruch. Die Krise der West LB begann schon im Frühjahr, als im Eigenhandel mit Aktien Verluste in Höhe von 500 Millionen Euro eintraten und im Sommer der schillernde West-LB-Chef Thomas Fischer gehen musste.

Im zweiten Halbjahr kamen dann die Belastungen durch die Finanzkrise hinzu, die die Reserven der West LB nahezu aufzehrten. Die Sachsen LB mit ihren drei in Dublin aufgelegten Zweckgesellschaften, die nicht mehr refinanziert werden konnten, war der schlimmste Fall unter den Landesbanken. Doch selbst die Landesbank Hessen-Thüringen (Helaba), die von der Finanzkrise wegen einer vorsichtigen Risikopolitik kaum betroffen ist und 2007 als eine der kleinsten Landesbanken das höchste Ergebnis vor Steuern erzielte, zahlt für 2007 mit 54 Millionen Euro nicht einmal mehr die Hälfte der 2006 noch gezahlten Steuern von 134 Millionen Euro.

Insgesamt brechen die Ertragsteuerzahlungen der fünf Landesbanken LBBW, Bayern LB, West LB, Helaba und HSH Nordbank von 1,4 Milliarden Euro für das Jahr 2006 auf 137 Millionen Euro im Jahr 2007 ein. Die privaten Großbanken Deutsche Bank, Commerzbank und Dresdner Bank sowie die genossenschaftlichen Zentralbanken DZ und WGZ zahlen 2007 hingegen zusammengenommen sogar etwas mehr Steuern als 2006 – nämlich 3,4 Milliarden Euro nach zuvor 3,3 Milliarden. Unterstellt man, dass niemand gern freiwillig viel Steuern zahlt, lässt sich feststellen: In dem guten Geschäftsjahr 2006 wie in dem schlechten Jahr 2007 haben die privaten Banken effizienter gewirtschaftet, mehr Gewinn gemacht und mussten daraufhin auch deutlich mehr Steuern zahlen als die öffentlich-rechtliche Konkurrenz.

Dies ist allerdings nur eine vorläufige Bilanz der Finanzkrise. Erst der weitere Verlauf wird zeigen, ob die 2007 nur zum Teil ergebniswirksam gebuchten Kursverluste insbesondere der strukturierten Wertpapiere (ABS, CDO) im Bestand der Banken noch weiter im Wert korrigiert werden müssen oder ob im Gegenteil – wie viele Banker derzeit behaupten – Reserven angewachsen sind, die in späteren Jahren zu außerordentlichen Erträgen, höheren Gewinnen und damit auch zu wieder steigenden Steuerzahlungen führen werden. Zunächst ist jedoch 2008 keine Besserung in Sicht. Die LBBW, die sich im Frühjahr 2007 noch als großer Konsolidierer im Landesbankensektor anbot, hat im ersten Halbjahr 2008 Verlust gemacht.

Weitgehend unstrittig ist, dass Sachsen LB und West LB Engagements in solchen Größenordnungen eingegangen sind, dass sie unverhältnismäßig zum Eigenkapital waren. Die Sachsen LB hat nach Daten der Ratingagentur Fitch mit einem Eigenkapital von 1,6 Milliarden Euro zum Teil außerhalb der Bilanz geführte Portfolios aus strukturierten Wertpapieren (ABS, CDO) im Volumen von 39 Milliarden Euro angehäuft. Die Bayern LB hat 34 Milliarden Euro in ABS-Wertpapiere gesteckt und verfügte in den vergangenen Jahren über rund 10 Milliarden Euro Eigenkapital. Und die West LB hat mit einem Kernkapital von 1,9 Milliarden Euro allein in ABS 30 Milliarden Euro investiert.

Da in der Finanzkrise die Kurse lange nur die Richtung nach unten kannten, gerieten die Landesbanken sogleich gewaltig unter Druck. Die Börsenkurse ihrer Wertpapiere betrugen zeitweise nur noch 90 oder gar 70, obwohl es aus Sicht der Banken in den allermeisten Fällen keinen Grund gab, daran zu zweifeln, dass die Papiere nicht zur Fälligkeit zu 100 zurückgezahlt werden.

In der aktuellen Finanzkrise könnte es in Deutschland als erstes bald eine Entscheidung über Auflagen an die West LB geben. Deren Träger, das Land Nordrhein-Westfalen, die Sparkassen und die Landschaftsverbände, haben Garantien über 5 Milliarden Euro für Wertpapiere im Wert von 23 Milliarden Euro abgegeben. Die Garantieerklärungen für Ausfallrisiken, die im Zuge der Finanzkrise für ausgelagerte Wertpapiere von Sachsen LB, West LB und demnächst vermutlich Bayern LB abgegeben werden, belaufen sich auf insgesamt 28,5 Milliarden Euro. Mit der IKB wurden in Deutschland in den vergangenen zehn Monaten damit Rettungspakete im Umfang von mehr als 36 Milliarden Euro geschnürt. Für einen Großteil der – überwiegend allerdings (noch) nicht eingetretenen – Verluste müssen staatliche Organisationen geradestehen – insgesamt mit gut 35 Milliarden Euro.

Diese Summe mag manchen erschrecken. Im Fall der Landesbanken ist sie jedoch Teil eines noch größeren Rettungsringes, der ein Stück in Vergessenheit und im Verborgenen liegt. Seit Juli 2005 garantieren die staatlichen Träger der Landesbanken – die Bundesländer und regionalen Sparkassen – zwar nach Einwänden der EU nicht mehr automatisch alle Verbindlichkeiten der Landesbanken. Die damals abgeschaffte Gewährträgerhaftung wirkt aber noch fort. Den Übergangszeitraum, der zwischen dem Beschluss über den Wegfall der staatlichen Garantien im Jahr 2001 und dem tatsächlichen Wegfall lag, haben die Landesbanken noch nutzen dürfen, um staatlich garantierte Anleihen auszugeben.

Sofern die Schulden vor dem 17. Juli 2005 durch die Landesbanken gemacht wurden und sie vor dem 17. Juli 2015 fällig werden, stehen die zum Zeitpunkt der jeweiligen Emission vorhandenen Träger für die Schulden ein.

Da die Konditionen für die Anleihen für die Landesbanken dank der Staatsgarantien sehr günstig waren, haben viele sich in dem Übergangszeitraum noch billig mit viel Kapital eingedeckt. Insofern steht der Steuerzahler noch für gewaltige Summen gerade, deren Ausfall allerdings nicht wahrscheinlich ist. Gleichwohl sind die Beträge beeindruckend.

Die Landesbanken geben sie denn auch nicht offiziell heraus, oft lassen sie sich nur über Umwege ans Licht befördern. Nach unseren Informationen kommt durch Bayern LB mit 82 Milliarden Euro, Nord LB (66 Milliarden Euro), LBBW (45 Milliarden) und West LB (44 Milliarden Euro) eine erkleckliche Summe von fast 240 Milliarden Euro zustande. Zusammen mit Helaba und HSH Nordbank sowie Landesbank Berlin dürften die Landesbanken damit noch durch staatliche Träger garantierte Verbindlichkeiten von mehr als 300 Milliarden Euro am Kapitalmarkt ausstehen haben. Und hinzu kommen oft noch außerhalb des Kapitalmarktes aufgenommene Verbindlichkeiten.

Die EZB rettet den Geldmarkt

Benedikt Fehr

Die Meldung löste ungläubiges Staunen aus: Am 9. August 2007 stellte die Europäische Zentralbank (EZB) den Geschäftsbanken im Euro-Raum den astronomischen Betrag von 94,8 Milliarden Euro zur Verfügung. Dieser zusätzliche Kredit mit eintägiger Laufzeit war nötig geworden, um der dramatischen Verknappung der Liquidität am Euro-Geldmarkt zu begegnen. Spätestens diese spektakuläre „Liquiditätsspritze" machte deutlich: Die vom amerikanischen Immobilienmarkt ausgehende Krise hat auch in Europa riesige Auswirkungen.

In der Folgezeit pumpte die EZB immer wieder Liquidität in den Interbankenhandel mit Geld, am 19. Dezember 2007 sogar fast 350 Milliarden Euro. Wozu benötigen die Banken dieses Geld? Woher stammt es, wie kommt es in die Welt? Wirkt diese Ausweitung der Liquidität nicht inflationär? Und wer verdient an dieser Geldschöpfung?

Im Euro-Raum benötigt jede Geschäftsbank ständig ein Guthaben bei der Zentralbank, und zwar vor allem für Zweierlei: Erstens, um ihrer Mindestreservepflicht nachzukommen; zweitens, um den Bedarf der Wirtschaft an Bargeld zu befriedigen. Zudem nutzen die Geschäftsbanken ihre Zentralbankguthaben, um einen Teil des Zahlungsverkehrs abzuwickeln; hieraus erwuchsen im Zuge der Krise die Schwierigkeiten, die die EZB zum Eingreifen veranlassten. Mit den „Liquiditätsspritzen" hat die EZB diese Guthaben vorübergehend aufgepäppelt. Das war nötig geworden, weil nach den existenzbedrohenden Verlusten der IKB Deutsche Industriebank allgemeines Misstrauen unter den Banken ausgebrochen war: Weitere Bankzusammenbrüche wurden befürchtet, deshalb wollten Banken einander kein Geld mehr leihen. Damit aber drohte manchen Banken die Illiquidität – was sich in einer Kettenreaktion rasch zu einer Krise des gesamten Finanzsystems hätte ausweiten können.

Nach den Vorschriften müssen alle Geschäftsbanken bei der EZB eine „Mindestreserve" in Form eines Guthabens unterhalten. Die Bezeichnung ist irreführend, denn diese Reservepflicht dient vor allem geldpolitischen Zwecken. Die Höhe der zu haltenden Mindestreserve berechnet sich für jede Bank aus der Höhe ihrer Kundeneinlagen. Hat eine Bank zum Beispiel Ende März 100 Millionen Euro an Kundeneinlagen, dann muss sie, vereinfacht dargestellt, im Mai an jedem Tag 2 Millionen Euro (2 Prozent) auf ihrem EZB-Konto als „Mindestreserve" halten.

Dabei gilt: Die Bank muss diesen Betrag über den gesamten Mai im Durchschnitt auf dem Konto haben; sie kann also am ersten Tag nur 1,5 Millionen Euro halten, und am zweiten Tag 4 Millionen Euro. Am Monatsende aber muss der Tagesdurchschnitt mindestens 2 Millionen Euro betragen – ansonsten setzt es Strafen.

Diese Vorschrift hat zwei Effekte: Zum einen steht am Anfang jedes Monats exakt fest, wie viel Geld alle Banken im Euro-Raum insgesamt als Mindestreserve bei der EZB hinterlegen müssen. Im Juli 2008 waren dies zum Beispiel im Tagesdurchschnitt 211,86 Milliarden Euro. Zum anderen gibt die Vorschrift den Banken die Flexibilität, Liquidität zu horten – was zu der Liquiditätsverknappung führte.

Guthaben bei der Zentralbank benötigen die Geschäftsbanken zudem, um den Bargeldbedarf der Wirtschaft zu befriedigen. So wie sich ein privater Kunde sein Guthaben auf dem Girokonto jederzeit in bar auszahlen lassen kann, kann sich eine Geschäftsbank ihr Guthaben bei der Zentralbank in Banknoten und Münzen auszahlen lassen: Sie lässt das Bargeld von einem Werttransporteur mit gepanzertem Fahrzeug von einer Filiale der Zentralbank abholen – und kann es dann ihrerseits an ihre eigenen Kunden auszahlen. So kommt das Bargeld, das nur die Zentralbank drucken lassen darf, in Umlauf. Im Sommer 2008 betrug das Gesamtvolumen des ausgegebenen Bargelds rund 675 Milliarden Euro. Nachdem die Krise auf Europa herübergeschwappt war, gerieten diese großen Ströme von Geld, die normalerweise im Bankensystem geräuschlos fließen, kräftig durcheinander.

Wie kommen die Geschäftsbanken überhaupt dazu, ein Guthaben bei der Zentralbank zu haben? Vereinfacht dargestellt: Derzeit vor allem dadurch, dass ihnen die EZB

Kredite gewährt. Die EZB schreibt dann den entsprechenden Kreditbetrag dem EZB-Konto der Geschäftsbank gut. So wird geschöpft, was im Fachjargon „Zentralbankgeld" genannt wird – Guthaben der Geschäftsbanken bei der Zentralbank. Die EZB bestimmt, wie viele Kredite sie gewährt und wie viel Zentralbankgeld sie so schöpft. Sie lässt sich dabei von dem Ziel der Preisstabilität leiten. Das so geschöpfte Geld muss nicht mit Gold unterlegt sein – ist es bei der EZB aber zum Teil.

Wenn die EZB an Geschäftsbanken Kredite vergibt, wird dies technisch ganz anders abgewickelt, als wenn eine Geschäftsbank einen Kredit an einen Haushalt oder ein Unternehmen vergibt, nämlich – hauptsächlich – über wöchentliche „Refinanzierungsgeschäfte": An jedem Montag teilt die EZB mit, wie viel Zentralbankgeld sie höchstbietend als einwöchigen Kredit versteigern wird; bei diesen Auktionen müssen die Banken mindestens den „Refinanzierungssatz" – das ist der aktuelle Leitzins – bieten. Wer die höchsten Zinsen für den Zentralbankkredit bietet, wird als erster bedient, danach folgen die nächst höheren Gebote – bis der Gesamtbetrag an Zentralbankgeld, den die EZB zur Verfügung stellen will, verteilt ist. Diese Versteigerung der Kredite bringt ein marktwirtschaftliches Element in die Versorgung der Geschäftsbanken mit „Zentralbankgeld". Jeden EZB-Kredit müssen die Banken besichern; sie müssen dazu Wertpapiere, die bestimmte Qualitätsmerkmale erfüllen, als Pfand hinterlegen. Im Zuge der Krise haben die Banken verstärkt solche Wertpapiere als

Pfand hinterlegt, die aufgrund der ausgetrockneten Märkte ansonsten nicht mehr verkäuflich waren. Die EZB hat dies freilich dadurch berücksichtigt, dass ihre Kredite „überbesichert" werden mussten.

Im Euro-Raum gibt es mehrere Tausend Kreditinstitute. Jedes muss eine Mindestreserve bei der EZB unterhalten und benötigt zudem Bargeld. Aus Kostengründen nehmen meist aber nur etwa 300 bis 500 größere Banken an den Versteigerungen von Zentralbankgeld teil. Insgesamt erhalten sie immer gerade so viel Zentralbankgeld – also Guthaben bei der Zentralbank –, wie alle Banken zusammen nach den EZB-Berechnungen benötigen, um ihren Bedarf aus Mindestreservepflicht, Bargeld und einige anderen Posten abzudecken. Die größeren Banken verleihen dann einen Teil des ersteigerten Zentralbankgeldes an die übrigen Banken weiter; über diesen „Geldhandel" – so der Fachjargon – können alle Banken ihren Bedarf an Zentralbankgeld abdecken. Normalerweise läuft dieses Geschäft am Geldmarkt ziemlich reibungslos ab, wobei der Zins für eintägige Kredite („Tagesgeld") meist sehr nahe am jeweiligen Satz des Leitzinses liegt.

Weshalb sah sich die EZB von August an gezwungen, den Geschäftsbanken immer wieder – für begrenzte Zeit – zusätzliche Liquidität in Milliardenhöhe zur Verfügung zu stellen? Ganz allgemein gilt: Würde die EZB über die Versteigerungen zu wenig Zentralbankgeld bereitstellen, hätten einige Banken spätestens gegen Ende des Monats ihr

Mindestreservesoll noch nicht erfüllt. Um eine Strafe zu vermeiden, würden sie händeringend nach Zentralbankgeld suchen – und im Zuge dessen den Zins für Zentralbankgeld nach oben treiben. Daran kann der EZB aber nicht gelegen sein. Denn dann würde sich der Zins für Tagesgeld vom Leitzins entfernen – und damit von demjenigen Zins, den die EZB zur Wahrung von Preisstabilität für angemessen hält. Entsprechendes gilt, wenn die EZB zu viel Liquidität in den Markt schleuste. Dann würde das Überangebot an Zentralbankgeld den Zins für Tagesgeld unter den Leitzins drücken.

Auch im August 2007 hatte die EZB den Geschäftsbanken gerade so viel Zentralbankgeld bereitgestellt, dass es den errechneten Bedarf an Mindestreserve und Bargeld abdeckte. Gleichwohl kam es am Geldmarkt plötzlich zu einer dramatischen Liquiditätsverknappung. Der Grund: Die Geschäftsbanken wickeln einen Teil des Zahlungsverkehrs regelmäßig über ihre Konten bei der Zentralbank ab. Das funktioniert so: Angenommen eine Bank hat am Morgen eines Tages 1 Milliarde Euro auf ihrem EZB-Konto (um ihre Mindestreserve zu erfüllen). Ein großer Kunde überweist nun 1,5 Milliarden Euro auf das Konto eines Geschäftspartners bei einer anderen Bank. Das EZB-Konto der zahlenden Bank gerät dadurch mit 500 Millionen Euro ins Minus. Laut EZB-Vorschrift muss das Konto aber spätestens bei Geschäftsschluss um 18 Uhr ausgeglichen sein. Die Bank muss sich deshalb über den Geldmarkt – das ist der Interbankenhandel mit Zentralbankgeld – mindestens 500 Millionen Euro bei einer dritten Bank leihen.

Normalerweise ist dies kein Problem, da im Euro-System insgesamt ja immer gerade ausreichend Liquidität vorhanden ist – und einzelne Banken bereit sind, überschüssiges Geld auszuleihen, zumal sie dadurch oft einen Zinsgewinn erzielen können. Doch mit der Finanzkrise änderte sich das Verhalten der Banken schlagartig: Zumindest für manche Banken wurde es plötzlich schwierig, sich Geld zu leihen – da viele Banken nach den Beinahe-Pleiten von IKB Deutscher Industriebank, Sachsen LB und Northern Rock weitere Insolvenzen befürchteten und deshalb keine Kredite mehr vergeben wollten. Und selbst wenn die Solvenz des Möchtegern-Kreditnehmers außer Frage stand, scheuten viele Banken vor der Kreditvergabe zurück. Denn sie befürchteten, dass ihre eigenen Kunden, wie oben beschrieben, große Überweisungen tätigen könnten – und dass es ihnen dann wegen des allgemeinen Misstrauens schwerfallen würde, sich diese Beträge am Geldmarkt zurückzuleihen.

Am 9. August 2007 nahm dieses Misstrauen am Geldmarkt schlagartig zu. Denn sowohl die französische Großbank BNP Paribas als auch die deutsche Privatbank Sal. Oppenheim hatten über Schwierigkeiten von Geldmarktfonds berichtet, die in amerikanische Hypothekenanleihen investiert hatten. Prompt gingen fast alle Banken dazu über, Zentralbankgeld in großem Stil zu horten. Das aber lief darauf hinaus, dass einige Banken, deren EZB-Konten durch Kundenüberweisungen ins Minus geraten waren, in Liquiditätsnöte gerieten – eine höchst brisante Lage. Denn in einem Umfeld allgemeiner Unsicherheit verbreiten sich entsprechende Gerüchte wie ein Lauffeuer. Andere Banken können dies dann zum Anlass nehmen, ihrerseits Guthaben abzuziehen. Im Extremfall führt dies zur Zahlungsunfähigkeit der betroffenen Bank und deren Insolvenz.

Im Bemühen, das EZB-Konto wie vorgeschrieben bis Geschäftsschluss auszugleichen, trieben diese Banken den Zins für eintägige Interbankenkredite nach oben – und damit weit über den Leitzins. Die EZB lief damit Gefahr, die Kontrolle über ihr wichtigstes geldpolitisches Instrument – die Höhe des Leitzinses – zu verlieren. Die EZB stellte dem Markt somit aus zwei Gründen zusätzliche Liquidität zur Verfügung: Zum einen, um die Liquiditätsnot zu lindern und der möglichen Illiquidität einzelner Banken vorzubeugen; zum anderen, um den Zins für Tagesgeld nahe 4 Prozent zu halten, ihrem damals gültigen Leitzins.

Da das Misstrauen unter den Banken fortdauerte, stellte die EZB immer wieder zusätzliche Liquidität zur Verfügung. Meist geschah dies über die üblichen einwöchigen Refinanzierungsgeschäfte: Am Anfang eines Monats teilte die EZB mehr Geld zu, als rein rechnerisch erforderlich war. Das ermöglichte es den Banken, Zentralbankgeld zu horten. Am letzten Tag der Reserveperiode bot die EZB den Banken dann oft ein Geschäft in umgekehrter Richtung an: Banken durften dabei überschüssige Liquidität für einen Tag bei der EZB zinstragend anlegen. Über die gesamte Reserveperiode betrachtet, hat die EZB dadurch jeweils – wie vor der Krise – genau den im Tagesdurchschnitt benötigten Betrag zur Verfügung gestellt. Im Zuge der Krise hat die EZB bei Bedarf aber gelegentlich auch kurzfristig „Liquidität in den Markt gepumpt“, also Zentralbankgeld über Refinanzierungsgeschäfte außer der Reihe zur Verfügung gestellt. Der 9. August war dazu der Auftakt.

Anders als oft unterstellt, laufen diese milliardenschweren zusätzlichen Liquiditätsgeschäfte – die hier allerdings nur in den Grundzügen dargestellt sind – nicht auf eine inflationstreibende Ausweitung der Geldmenge hinaus. Die Geldmenge ist zwar in den Jahren 2007 und 2008, wie in den Jahren zuvor, kräftig gestiegen, jedoch aus anderen Gründen. Im Rückblick betrachtet, ist es der EZB recht gut gelungen, ihr Ziel zu erreichen und den Zins für Tagesgeld nahe am Leitzins zu halten.

Aus EZB-Sicht war dies auch deshalb so wichtig, weil sich im Herbst 2007 die Inflation im Euro-Raum erheblich beschleunigte. Um die Inflation zu bekämpfen, hat die EZB Anfang Juli 2008 ihren Leitzins von 4 auf 4,25 angehoben, also die Geldpolitik gestrafft, gleichzeitig aber weiterhin wie beschrieben zusätzliche Liquidität in den Markt geschleust und gelegentlich wieder aufgesogen. Mit dieser Trennung von Geldpolitik einerseits, Liquiditätspolitik andererseits hat die EZB in Fachkreisen viel Anerkennung gefunden.

Wie bereits erwähnt, stellt die EZB den Banken Zentralbankgeld hauptsächlich über Kredite mit einwöchiger

Laufzeit zur Verfügung. Einen Teil der insgesamt benötigten Liquidität hat die EZB aber schon immer über Kredite mit dreimonatiger Laufzeit versteigert – die höher verzinst werden. Im Laufe der Krise hat die EZB den Anteil der längerlaufenden Kredite beträchtlich erhöht, um den Anstieg des Zinses für Dreimonatskredite am Interbankenmarkt zu dämpfen. Als Nebeneffekt dieser Verschiebung in der Laufzeitenstruktur der Kredite, zudem auch aufgrund des aggressiveren Bieterverhaltens der Banken bei den Versteigerungen, sind die Zinseinnahmen der EZB im Zuge der Finanzkrise beträchtlich gestiegen.

So betrachtet, zählt die EZB zu den Krisengewinnlern – und mit ihr mittelbar auch die breitere Öffentlichkeit: Denn die EZB schüttet einen Teil ihrer Gewinne an die nationalen Zentralbanken der Euro-Länder aus, die ihre Gewinne wiederum an die jeweiligen Finanzminister überweisen.

DAS GLOSSAR ZUR KRISE

Gerald Braunberger, Benedikt Fehr, Stefan Ruhkamp
und Daniel Schäfer

Abschreibungen/Wertberichtigungen: Die Finanzmarktkrise hinterlässt tiefe Spuren in den Gewinn-und-Verlust-Rechnungen der Banken. In der Beschreibung der Belastungen aus der Krise werden die Begriffe Abschreibung und Wertberichtigung oft als Synonyme verwendet. Das sind sie nicht. Die Abschreibung beschreibt den endgültigen Verlust einer Forderung. Wenn eine Bank einem Unternehmen einen Kredit einräumt, das Unternehmen in Konkurs geht und der Kredit unwiederbringlich verloren ist, dann schreibt die Bank den Kredit ab. In der aktuellen Krise kommen sehr viel häufiger Wertberichtigungen vor: Hierbei handelt es sich um möglicherweise nur vorübergehende Wertverluste. So sind die Preise für Produkte an Märkten für forderungsbesicherte Wertpapiere (→ ABS) in den vergangenen Monaten deutlich gefallen. Anders als bei einer Abschreibung muss dieser Verlust aber nicht endgültig sein, denn es ist nicht auszuschließen, dass sich die Preise der ABS wieder erholen.

Anleiheversicherer sollten eigentlich stabilisierend wirken, sind aber selbst zu einem Krisenfaktor geworden. Mit sehr wenig eigenem Geld ausgestattet, haben die sogenannten „Monoliner" Schulden im Wert von rund 2.500 Milliarden Dollar versichert. Ursprünglich waren das vor allem

 Ansprüche gegen amerikanische Städte und deren Unternehmen. Dieses Geschäft war den Versicherern seit einigen Jahren aber nicht mehr ertragreich genug, weshalb sie zusätzlich (per → CDS) als Sicherungsgeber für andere Risiken, dabei nicht zuletzt Hypothekenanleihen, aufgetreten sind. Das zunächst ertragreiche Zusatzgeschäft wurde für manche Monoliner so verlustreich, dass es ihre eigene Existenz bedroht hat. Schon bald nach Ausbruch der Krise wurde deshalb klar, dass ihre Garantien für die Schulden amerikanischer Kommunen fragwürdig geworden waren. Die Ratingagenturen haben die zunächst erstklassigen Bonitätsnoten der Anleiheversicherer im Frühjahr 2008 herabgestuft. Die Herabstufungen machten weitere → Abschreibungen erforderlich und haben das Finanzsystem zusätzlich belastet

Asset Backed Securities (ABS): Wenn eine Bank früher einen Kredit vergab, behielt sie diesen Kredit üblicherweise bis zum Ende der Laufzeit in ihren Büchern. Zahlte der Kunde seinen Kredit zurück, war alles gut; wurde er zahlungsunfähig, hatte die Bank Geld verloren. Das Kreditgeschäft war lange Zeit, sofern seriös betrieben, eine zuverlässige Einnahmequelle der Banken. Aber es besaß zwei Nachteile: Mit dem zunehmenden Wettbewerb der Banken um Kunden wurden die Gewinnspannen im Kreditgeschäft immer niedriger. Außerdem band das Kreditgeschäft hohe Beträge an Eigenkapital, dessen Geber von den Banken immer höhere Renditen forderten. Aus dieser Misere entstand die Idee der Banken, Kredite nicht länger bis zum Ende der Laufzeit zu behalten, sondern sie zu bündeln, in handelbare Wertpapiere zu verwandeln und an interessierte Investoren zu verkaufen. Dieser Prozess heißt → Verbriefung, und die Papiere nennt man forderungsbesicherte Wertpapiere oder Asset Backed Securities (ABS). In ABS einbringen lassen sich nicht nur Forderungen aus Krediten, sondern zum Beispiel auch aus Leasingverträgen, Kreditkartenverträgen, Hypotheken oder hochriskante Anleihen. Unterarten der ABS sind → CDO und → RMBS. Aus volkswirtschaftlicher Sicht sind die Erschließung neuer Investoren und die breitere Streuung der Kreditrisiken auf eine große Zahl von Investoren prinzipiell vorteilhaft. Doch hat sich als Problem erwiesen, dass oft wenig transparent ist, was für Kredite den ABS-Papieren unterliegen. Die Finanzkrise 2007/08 geht zum Teil darauf zurück, dass die Investoren diese Papiere wegen ihrer Intransparenz plötzlich nicht mehr kaufen wollten.

Wie aus Krediten mit schlechter Bonität erstklassige Anleihen werden

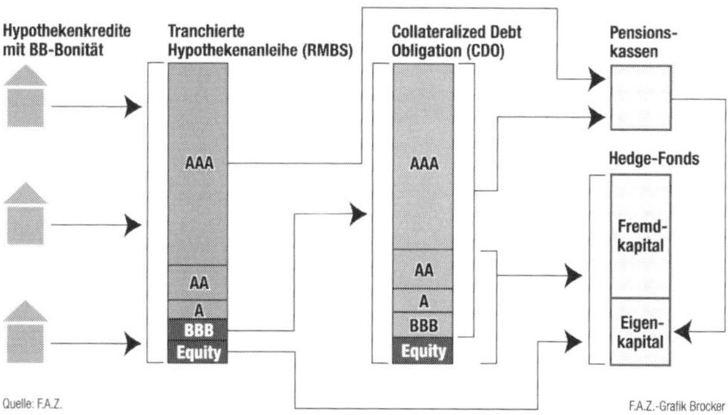

Quelle: F.A.Z.

F.A.Z.-Grafik Brocker

Collateralized Debt Obligations (CDO), auf Deutsch „strukturierte Anleihen", spielen in der Finanzmarktkrise eine zentrale Rolle. Ein CDO ist eine Unterart eines → ABS, manchmal werden die Begriffe aber auch synonym verwendet. In letzter Zeit hat sich der Sprachgebrauch durchgesetzt, dass einem CDO stets marktgängige Schuldtitel unterliegen, also keine Hypothekenkredite, wohl aber mit Hypothekenkredite unterlegte Wertpapiere wie zum Beispiel → RMBS. Ein CDO ist immer tranchiert, das heißt, das unterliegende Portefeuille wird in Tranchen mit unterschiedlichen Ausfallrisiken und Zinskupons aufgeteilt. Nicht selten haben die Finanzalchemisten aus mehreren CDO jeweils die Tranchen mit schlechten Bonitätsnoten zu einem Portefeuille zusammengefasst, dieses wiederum verbrieft und tranchiert. So entstanden weitere Tranchen mit der Bestnote AAA, die sich gut verkaufen ließen. Viele dieser neuen Wertpapiere – die im Fachjargon „CDO square" (CDO im Quadrat) getauft wurden – haben im Laufe der Krise wegen der hohen Ausfallraten bei den unterliegenden Sicherheiten besonders hohe Werteinbußen erlitten.

Credit Default Swaps (CDS) sind handelbare Kreditabsicherungen. Doch was nach Sicherheit klingt, wird längst nicht mehr nur zum Schutz von Anleiheportefeuilles genutzt, sondern auch für umfangreiche Spekulationen. Die auf dem CDS-Markt gehandelten Derivate beziehen sich auf Summen, die weitaus größer sind als die der unterliegenden Unternehmensanleihen. Vertragsparteien sind

Starkes Wachstum

Credit Default Swaps in Billionen Dollar

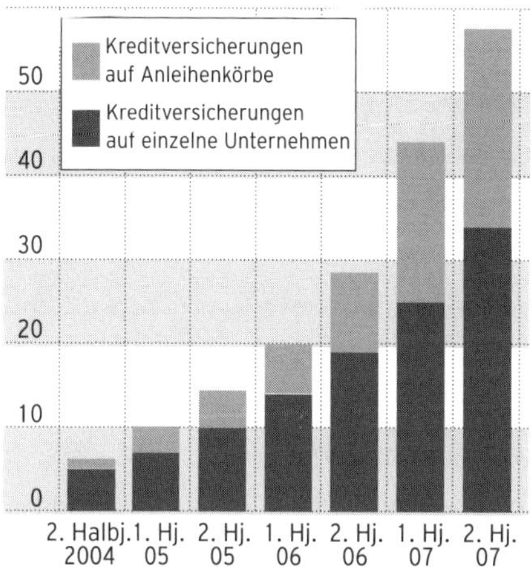

Quelle: BIZ F.A.Z.-Grafik Niebel

meist Investmentbanken oder institutionelle Anleger wie → Hedge-Fonds oder Versicherer. Versichert werden Forderungen gegen dritte Unternehmen für den Fall, dass diese ihre Schulden nicht mehr bezahlen können. Der Sicherungsgeber erhält vierteljährlich eine Versicherungsprämie. Dafür muss er im Schadenfall – zum Beispiel wenn das Unternehmen zahlungsunfähig wird – dem Sicherungsnehmer den erlittenen Schaden ersetzen.

Weit verbreitet sind Kontrakte über 10 Millionen Euro mit einer Laufzeit von fünf Jahren. Anders als bei der Versicherung zum Beispiel eines Hauses muss der Sicherungsnehmer die versicherten Forderungen aber gar nicht besitzen. Er kann deshalb in großem Stil darauf setzen, dass ein

 Unternehmen Konkurs macht – und daran selber viel Geld verdienen.

Das Volumen der umlaufenden CDS und anderer Finanzderivate ist in den vergangenen Jahren sprunghaft gewachsen. Weil heutzutage alle Finanzinstitute solche Kontrakte in großem Stil nutzen, sind sie alle untereinander eng verwoben. Bei der Rettung der Investmentbank Bear Stearns spielte dies eine Rolle: Die Bank sei nicht zu groß, wohl aber „zu verwoben“ gewesen, um unterzugehen, hieß es („too interconnected to fail“). Die Unsicherheit, die das Abwickeln von Zehntausenden Derivate-Kontrakten ausgelöst hätte, hätte die Stabilität des gesamten Finanzsystems gefährden können.

Conduits/SIV/Zweckgesellschaft: Bankvorstände begrüßen sich derzeit gerne mit einer bangen Frage: „Sind Sie auch SIV-positiv?“ Denn viele Kredithäuser haben in den vergangenen Jahren „Conduits“ und „Structured Investment Vehicles (SIVs)“ gegründet. Diese Zweckgesellschaften ermöglichten es den Banken, außerhalb ihrer Bilanz und damit weitgehend ohne Eigenkapital hohe Risiken einzugehen. SIVs und Conduits investierten in jegliche Art von forderungsbesicherten Wertpapieren (→ ABS) – von Autokrediten bis Hypotheken. Gemeinsam ist diesen Gesellschaften vor allem eines: Sie refinanzierten ihre langfristigen Wertpapierkäufe zumeist in großem Umfang durch Ausgabe kurzfristiger Anleihen. Als der Markt für diese Anleihen versiegte, brach eine Zweckgesellschaft nach der anderen zusammen. Das bereitete auch vielen Banken, die diese Gesellschaften ins Leben gerufen hatten, hohe Verluste.

Eigenkapital: Die Aufsicht schreibt den Banken in den Eigenkapitalregeln („Basel II") vor, ständig ein Minimum an Eigenkapital vorzuhalten, nämlich in Höhe von 8 Prozent der risikogewichteten Vermögenswerte der Bank. Es soll als Risikopuffer dienen: Erleidet eine Bank zum Beispiel im Kreditgeschäft Verluste, gehen diese zu Lasten des Eigenkapitals, so dass die Sparer, die dem Institut Geld geliehen haben, zunächst geschützt sind. Die Bankmanager haben allerdings einen Anreiz, eher wenig Eigenkapital vorzuhalten: Denn je geringer das Eigenkapital, desto höher ist bei einem gegebenen Gewinn die Eigenkapitalrendite – was wiederum den Aktienkurs der Bank nach oben treiben kann. In den Jahren vor der Krise haben deshalb viele Banken Regellücken genutzt und bestimmte Geschäfte auf → Conduits ausgelagert, die nicht der Bankaufsicht unterlagen und kein Eigenkapital vorhalten mussten. Das hat sich gerächt: Viele Conduits sind in Schwierigkeiten geraten und so zu einem Krisenherd geworden.

Hedge-Fonds: 1,9 Billionen Dollar – diese atemberaubende Summe hatten die rund 9.000 weltweiten Hedge-Fonds nach jüngsten Schätzungen im Sommer 2007 an Kapital zur Verfügung. Doch in Wahrheit ist die Macht dieser Fonds noch weitaus größer, denn sie nehmen üblicherweise für jeden Dollar Eigenkapital ein Mehrfaches an Krediten auf. Aus unkundigem und/oder politischem Munde werden sie oft als „Heuschrecken“ oder „Raubtiere“ bezeichnet. Nüchtern betrachtet, sind Hedge-Fonds zunächst einfach Kapitalsammelstellen. Anders als gewöhnliche Fonds haben sie jedoch kaum Transparenzpflichten, sind praktisch unreguliert und völlig frei in ihren Anlagestrategien. Hedge-Fonds investieren daher in nahezu alles, was sie in die Finger bekommen können: von asiatischen Devisen über Schweinebauchhälften bis hin zu Edelmetallen. Ursprünglich galten sie als äußerst vorsichtige Anleger. Der Gründer des ersten Hedge-Fonds, ein Journalist des „Fortune Magazine“ namens Alfred W. Jones, wettete seit dem Jahr 1949 gleichzeitig auf fallende und steigende Aktienkurse. Dadurch wollte er sich gegen Verluste absichern („hedgen“). Dieses konservative Image haben Hedge-Fonds längst verloren. Die Turbulenzen haben einige Hedge-Fonds untergehen lassen, insgesamt scheinen sie die Krise aber besser überstanden zu haben als die – hochgradig regulierten – Banken.

Itraxx-Crossover-Index: Stellt man sich die Finanzkrise als Fieber vor, dann ist der Itraxx-Crossover das Thermometer. In dem Index sind die Risikoprämien für 50 Absicherungsgeschäfte (→ CDS) zusammengefasst, die sich auf schwache europäische Unternehmensschuldner beziehen, darunter auf TUI, Fresenius und Infineon. Der Index stand zeitweilig bei rund 650 Punkten. Das liest sich so: Für die Absicherung von Forderungen gegen die 50 Unternehmen sind die Sicherungsnehmer bereit, im Durchschnitt jährlich

Das Krisenbarometer
iTraxx-Crossover-Index (in Punkten)[1)]

1) Serie 58, am 20.9.2007 aufgelegt.
Quelle: Thomson Financial Datastream / F .A.Z.-Grafik rdb./fbr.

6,5 Prozent der versicherten Summe zu zahlen. Das spiegelt die Befürchtung, dass eine größere Anzahl der im Index vertretenen Unternehmen in die Insolvenz gehen wird. Außer dem Itraxx-Crossover berechnet der Indexbetreiber Markit auch andere Barometer für die Absicherungskosten von Banken oder soliden Unternehmensschuldnern.

Liquidität: Der Begriff Liquidität wird in unterschiedlichen Bedeutungen benutzt. Ein Unternehmen muss jederzeit liquide sein, das heißt in der Lage, seine Zahlungsverpflichtungen zu erfüllen. Illiquidität führt oft zum Konkurs: Denn die Geldnot kann den Zwangsverkauf von Vermögenswerten weit unter Wert auslösen – was dann in die Überschuldung führt. Für eine Bank, die sich täglich viel

Geld leihen muss, kann schon ein vages Gerücht, dass ihr die Illiquidität drohe, zu einer existenzgefährdenden selbsterfüllenden Prophezeiung werden: Wenn ihr aufgrund des Gerüchts niemand mehr Geld leiht beziehungsweise geliehenes Geld abgezogen wird, kann die Bank ihre Zahlungspflichten bald nicht mehr erfüllen. Der britischen Bank Northern Rock wurde das zum Verhängnis.

Um ihre Mindestreservepflicht zu erfüllen, benötigen Banken eine besondere Form von Liquidität, sogenanntes Zentralbankgeld, das nur die Zentralbank schöpfen kann. Die Banken handeln damit am Geldmarkt. Derzeit stockt dieser Handel, weil die Banken einander misstrauen. Die Zentralbanken stellen deshalb über „Liquiditätsspritzen" zusätzliches Geld bereit, allerdings nur als befristeten, zu verzinsenden und mit Pfändern zu besichernden Kredit. Vor Ausbruch der Krise wurde oft davon gesprochen, dass der Finanzmarkt „in Liquidität schwimme". Dahinter stand, dass die Banken in großem Stil Kredite gewährten und Buchgeld schöpften – was die Kreditnehmer in die Lage versetzte, mit dieser Liquidität in großem Stil Vermögenswerte zu erwerben. Inzwischen ist der Handel an vielen Finanzmärkten ausgetrocknet. Auf einem „illiquiden Markt" kann selbst ein kleiner Verkaufsauftrag für ein Wertpapier einen großen Preisrutsch auslösen. So ausgelöste Kursverluste zwingen die Banken und andere Investoren aufgrund der → Mark-to-Market-Vorschrift zu Wertberichtigungen – was zu Zwangsverkäufen und weiteren Kursverlusten führen kann.

Lügnerkredite/Neutronendarlehen: Der amerikanische Hypothekenmarkt, auf dem die Krise der Finanzmärkte ihren Ursprung hat, gleicht einem Gruselkabinett: Überall lauern Absurditäten. Die Produkte, die sich die Finanzbranche bis zum Krisenbeginn im Sommer ausgedacht hatte, könnten reihenweise als Schulbeispiele für Exzesse von Banken verwendet werden. Die Banker haben die Produkte hinter ausgeklügelten Namen versteckt: beispielsweise „Payment-option adjustable-rate mortgage". Der Volksmund hat längst Namen dafür gefunden, die den Kern der Sache treffen: von Lügnerkrediten bis zu Neutronendarlehen.

„Ähnlich wie wir im Ostdeutschland der neunziger Jahre haben die Amerikaner in den vergangenen Jahren falsche Kreditentscheidungen dadurch zugedeckt, dass die Häuser immer mehr im Preis gestiegen sind", sagt ein deutscher Bankmanager. Noch viel mehr als das: Die Wette darauf, dass die Hauspreise auch in Zukunft weiter steigen werden, wurde als Basis für Kreditentscheidungen genutzt. So war es an der Tagesordnung, dass Amerikaner Hypotheken aufstockten, um Kreditkartenschulden zu bezahlen und danach neuen Konsum auf Pump finanzieren zu können. Nicht selten wurden dabei die Hypotheken derart aufgebläht, dass sie den aktuellen Wert des Hauses überstiegen. Was aber sind Lügnerkredite und Neutronendarlehen? Hinter Ersterem verbirgt sich die Tatsache, dass die amerikanischen Hypothekenvermittler reihenweise Kredite an Hauskäufer vergaben, ohne den Wert der Immobilie zu überprüfen oder einen Einkommensnachweis vom Kreditnehmer zu verlangen. Wer sich gar kein Haus leisten konnte, log dem Kreditgeber also einfach ein bestimmtes Einkommen vor. Dem Hypothekenvermittler war das letztlich egal, denn er reichte die Kredite ohnehin an Banken weiter. Letztere interessierten sich ebenfalls nicht allzu genau für das Ausfallrisiko, denn auch sie reichten die Hypotheken an dritte Investoren weiter.

Doch damit hörte die Kreativität der Banker noch lange nicht auf. Besonders beliebt waren zuletzt die Neutronendarlehen. Diese Kredite erlaubten es dem Kreditnehmer im Prinzip, die Rückzahlungssumme selbst zu bestimmen. Ein Beispiel: Ein Hauskäufer nimmt eine Hypothek von 200.000 Dollar auf. Seine monatliche Rate wären eigentlich 1.000 Dollar im Monat. Doch er entscheidet sich dafür, nur 500 Dollar zu bezahlen. Die monatliche Differenz wird einfach zu der Gesamtschuld addiert. Wenn die Hypothek einen bestimmten Schwellenwert – in diesem Beispiel vielleicht 250.000 Dollar – überschreitet oder automatisch nach einer Zeitspanne von fünf Jahren, schießt die monatliche Rate drastisch nach oben. Nicht selten muss der Hausbesitzer dann auf einmal die doppelte Monatsrate zahlen – die er sich nur in seltenen Fällen tatsächlich leisten könnte. Der Neutronenkredit wäre dann geplatzt.

Vielen amerikanischen Hausbesitzern wurde diese Anpassung der Zins- und Tilgungslast zum Verhängnis. In Amerika aber sind die Hauskredite zumeist nur mit der

Immobilie besichert. Die Bank hat somit keinen Zugriff auf das Einkommen oder andere Sicherheiten des Kreditnehmers. Daher häufen sich nun die Fälle, in denen die Hypothekenbesitzer ihre Häuser einfach verlassen und in ein günstigeres Domizil umziehen („Walk away"). Die Bank bleibt dann auf dem Haus sitzen. Nach Schätzungen haben amerikanische Banken allein 1 Million Neutronendarlehen im Wert von 500 Milliarden Dollar vergeben. Ein Fünftel dieser Kredite sahen keine Einkommensprüfung vor. Analysten der UBS gehen davon aus, dass 2 Prozent der Neutronenkredite noch nicht einmal eine Mindest-Tilgungssumme vorsahen.

Hier existiert eine Parallele zu den Exzessen auf anderen Teilen des Kreditmarktes: Bis zum vergangenen Sommer gaben die Banken den Finanzinvestoren immer mehr Übernahmekredite, welche die Tilgung und zum Teil auch die Zahlung der Zinsen an das Ende der Laufzeit schieben – eine ähnliche Zeitbombe wie auf dem amerikanischen Hypothekenmarkt.

Mark-to-Market: Nach den neuen ISFR-Rechnungslegungsvorschriften müssen Banken bestimmte Vermögenswerte – zum Beispiel Anleihen in ihrem Handelsbestand – in ihren Bilanzen zu den gerade aktuellen Marktkursen bewerten („Mark-to-Market") – und nicht etwa zu Anschaffungskosten. Eigentlich sollte die Regel die Bilanzen transparenter machen, jetzt zeigen sich ihre Schattenseiten: Auf einigen inzwischen weitgehend illiquiden Märkten haben

Zwangsverkäufe die Kurse bestimmter Wertpapiere stark gedrückt, möglicherweise übertrieben stark. Gleichwohl zwingt die Mark-to-Market-Regel Banken und andere Investoren zu Wertberichtigungen auf diese Papiere – was ihnen Verluste bereitet und im Extremfall weitere Zwangsverkäufe auslösen kann. Ein Teufelskreis.

Rating: Eine Ratingagentur kann jeder gründen. Die Kreditbewerter sind bisher nicht reguliert, und großartiger Investitionen bedarf es auch nicht. Deshalb ist das wichtigste Kapital der drei marktbeherrschenden Agenturen Moody's, Fitch und Standard & Poor's das in Jahrzehnten erworbene Vertrauen der Anleger in die Güte der Ratings: dass also eine mit einer hohen Note bewertete Anleihe sicherer ist als eine, die eine schlechte Note trägt.

Gerade dieses Kapital haben die Agenturen – wie sich jetzt herausstellt – in den Jahren vor der Finanzkrise verschleudert. Sie haben die Masse der → Verbriefungen von Krediten mit höchsten Noten versehen und so erst die Übertreibungen auf den Kreditmärkten möglich gemacht. Inzwischen werden die Agenturen heftig kritisiert, sich in einem Interessenkonflikt befunden zu haben. Denn sie haben die Emittenten oft zuerst – gegen Entgelt – beraten, wie eine Anleihe strukturiert sein muss, damit sie eine gute Note erhält, und anschließend an genau diese strukturierten Papiere gute Noten vergeben – auch gegen Bezahlung vom Emittenten.

Die Vermehrung der höchsten Bonitätsnote AAA

Verteilung der Bonitätsnoten in Prozent

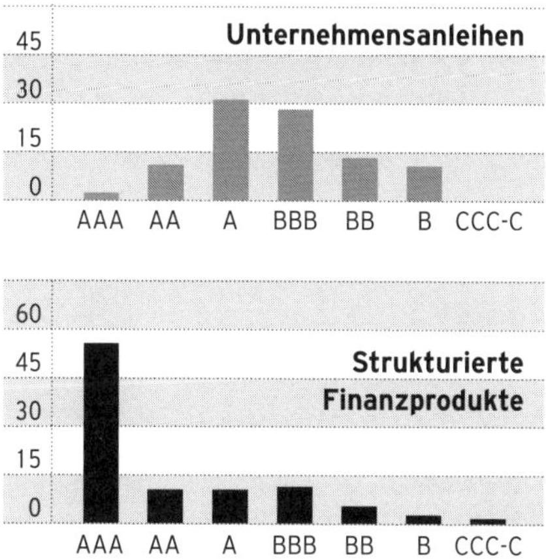

Quelle: Fitch F.A.Z.-Grafik Dobratz

Bei normalen Anleihen sind die Noten „AAA“ beziehungsweise „Aaa“ selten – es folgen die Stufen AA, A und BBB, darunter beginnt das Feld der wackeligen Schuldner mit den Stufen BB, B, CCC, CC, C und schließlich D für die Zahlungsstörung. Es gibt beispielsweise nur einen einzigen Rückversicherer mit der Höchstnote. Dagegen erhielten nach Angaben der Ratingagentur Fitch im Durchschnitt fast 60 Prozent der strukturierten Finanzprodukte die Höchstnote AAA. Zu Hunderten mussten sie inzwischen herabgestuft werden, nicht selten um zwölf Schritte auf einen Schlag.

 Residential Mortgage Backed Securities (RMBS): Ein RMBS ist eine Unterart eines → ABS. Das Grundprinzip dieser raffinierten Finanzinnovation, die seit Beginn des Jahrzehnts wachsende Verbreitung gefunden hat, erhellt ein Beispiel: Eine Bank gewährt einem Haushalt einen Immobilienkredit, das Eigenheim dient dabei als Sicherheit. Zehntausend solcher Hypothekenkredite über jeweils 100.000 Dollar bringt die Bank in ein Portefeuille ein, dessen Gesamtvolumen somit 1 Milliarde Dollar beträgt. Dieses Portefeuille dient wiederum als Sicherheit für ein handelbares Wertpapier, das die Bank an Anleger verkauft. Die Zinsen und Tilgungsraten der Haushalte werden somit an die Käufer dieser Wertpapiere durchgeleitet.

Der Clou der strukturierten Wertpapiere liegt nun in besonderen Vorkehrungen für den Fall, dass einer der Haushalte oder mehrere ihren Zahlungsverpflichtungen nicht nachkommen. Bei einer normalen Anleihe, die mit Hypotheken besichert ist, würde ein Zahlungsausfall auf alle Inhaber gleichmäßig in Form einer verminderten Tilgung verteilt. Demgegenüber zeichnet sich ein strukturiertes Wertpapier dadurch aus, dass es, zum Beispiel, in sechs Tranchen aufgeteilt ist. Dabei gilt: Kommt es in dem Hypothekenportefeuille zu einem Zahlungsausfall, muss diesen zunächst allein die „unterste" Tranche absorbieren.

Das Verlustrisiko dieser Tranche ist hoch – um gleichwohl Investoren anzulocken, ist sie hoch verzinst. Im Beispiel ist diese Tranche ausgelöscht, wenn die Verluste im unterliegenden Portefeuille 3 Prozent, das sind 30 Millionen Dollar, übersteigen. In diesem Fall muss die nächsthöhere „Mezzanine"-Tranche weiter anfallende Verluste übernehmen, bis auch sie aufgebraucht ist. Durch diese Regelung schirmen die unteren Tranchen die höheren gegen Verluste ab. Die Ratingagenturen gaben deshalb der obersten Tranche regelmäßig die Bestnote AAA für höchste Ausfallsicherheit – und dies selbst dann, wenn die unterliegenden Hypothekenkredite im Durchschnitt nur eine mäßige Qualität von BBB hatten, weil sie an schwache Schuldner („subprime") vergeben worden waren.

Im Beispiel hat die Finanzalchemie so aus einem „bleiernen" Portefeuille mit BBB-Krediten im Volumen von einer Milliarde Dollar eine „hochtoxische" unterste Tranche von 30 Millionen Dollar gemacht, vier Mezzanine-Tranchen von zusammen 220 Millionen Dollar und vor allem eine große „goldene" AAA-Tranche von 750 Millionen Dollar. In den vergangenen Jahren fanden diese Papiere reißenden Absatz. Denn Pensionsfonds zum Beispiel müssen einen Großteil ihrer Mittel in Papieren mit hoher Sicherheit anlegen. Die Strukturierung lieferte diese ansonsten eher raren Papiere in großem Stil. Die übrigen Tranchen wurden oft an renditehungrige Investoren wie → Hedge-Fonds abgesetzt oder von den Banken behalten.

Zunächst galt es durchaus als Vorteil, dass die Banken einen Großteil der Hypothekenkredite über die Wertpapiere an Investoren in aller Welt weiterreichen konnten.

Denn die Verteilung der Risiken auf viele Schultern versprach, das Finanzsystem stabiler zu machen. Seit sich die Ausfälle der Subprime-Kredite häufen, wird nun freilich der Pferdefuß deutlich: Weil die unteren Tranchen vergleichsweise klein sind, befürchten die Manager von Pensionsfonds, dass auch ihre AAA-Tranche von Verlusten betroffen werden könnte – was sie ihren Job als Vermögensverwalter kosten könnte. Zudem verunsichert sie der Mangel an Informationen und Transparenz: Denn dadurch ist es unmöglich, die Qualität des unterliegenden Portefeuilles mit seinen Tausenden Krediten abzuschätzen. Viele dieser Investoren weigern sich deshalb nun, solche Papiere zu kaufen oder auch Fonds, in denen solche Papiere enthalten sind. Als Folge sind die Kurse dieser Papiere und Fonds abgesackt – was wiederum viele Banken, institutionelle Anleger und das Finanzsystem insgesamt in Bedrängnis bringt.

Die Intransparenz wird zudem dadurch erhöht, dass aus unterschiedlichen RMBS-Tranchen mit schlechter Bonität wiederum Portefeuilles gebildet wurden, die dann als → CDO verkauft wurden.

Subprime: Als Subprime wird jener Teil des amerikanischen Hypothekenmarkts bezeichnet, auf dem Kredite an Hauskäufer mit geringen Einkommen vergeben wurden. Diese im Nachhinein völlig unseriös erscheinende Praxis der Kreditvergabe galt jedoch so lange als wenig bedenklich, wie in den Vereinigten Staaten die Zinsen sehr niedrig waren und die Konjunktur gut lief. Die gute Konjunktur ließ zusammen mit der wachsenden Bevölkerung die Häuserpreise stetig steigen. In diesem Fall erschien es risikolos, auch Armen den Häuserkauf auf Kredit zu gestatten, denn die Kreditnehmer konnten ihr Haus nach wenigen Jahren mit Gewinn verkaufen und so den Kredit zurückzahlen. Die Banken bündelten die Kredite in forderungsbesicherte Wertpapiere (→ ABS) und verkauften sie an Investoren im In- und Ausland – darunter auch in Deutschland, die sie zum Teil in außerhalb der Bilanz gelegene Zweckgesellschaften (→ Conduit) einbrachten.

Dieses Kartenhaus brach mit steigenden Zinsen, der Verlangsamung der Konjunktur und dem Ende des Preisbooms am Häusermarkt zusammen. Über → ABS verbreitete sich die Krise in das internationale Finanzsystem. Dort hat sie längst auch andere Teile der Kapitalmärkte erfasst. Bankmanager wie Josef Ackermann sind der Auffassung, dass erst eine Stabilisierung des amerikanischen Häusermarkts die Voraussetzung für ein Ende der Finanzmarktkrise schaffen würde. Ohne die Unterstützung der amerikanischen Notenbank und der Regierung in Washington dürfte die Krise des amerikanischen Häusermarkts nach Ansicht von Fachleuten noch längere Zeit andauern.

Übernahmekredite: Die Jahre vor dem Ausbruch der Finanzkrise waren eine „goldene Ära" für Firmenjäger: Eine Allianz aus → Hedge-Fonds, Banken und Beteiligungsfonds hat glänzend an einem beispiellosen Übernahmerausch verdient. Die Finanzinvestoren kauften weitgehend auf Pump immer größere Unternehmen, zuletzt in zweistelligen Milliardenwerten. Ermöglicht wurde dieses Kauffieber, weil die Banken den Finanzinvestoren immer größere Übernahmekredite („Leveraged Loans") zu stets laxeren Konditionen gaben. Das Kalkül der Investmentbanken: Sie behielten die Kredite nicht in den Büchern, sondern kassierten lediglich die Gebühren und reichten die Darlehen anschließend weiter, entweder an spezialisierte Investoren wie Hedge-Fonds oder über → ABS an Investoren wie zum Beispiel Pensionskassen in aller Welt.

Die These, dieser Markt drohe zu überhitzen, kursierte schon länger. Mit der Krise auf dem amerikanischen Häusermarkt wurde daraus Realität, die Kreditmaschine stoppte. Die Folge: Die Banken blieben auf bereits zugesagten Krediten im Wert von mehr als 200 Milliarden Dollar sitzen und mussten beim schließlichen Weiterverkauf empfindliche Verluste hinnehmen. Den Firmenjägern fehlt es seither an Munition, sie mussten ihre Übernahmegeschäfte einschränken.

Verbriefung: Verbriefen lässt sich jeglicher Zahlungsstrom. Der Fußballklub Schalke 04 hat das mit den künftigen Einnahmen des Ticketverkaufs gemacht, David Bowie mit seinen ersten 25 Alben: Die aus ihnen immer noch sprudelnden Einnahmen verkaufte er für 55 Millionen Dollar an eine Versicherung. Ungleich größer sind die Verbriefungen in der Finanzbranche. Banken fassen beispielsweise Tausende Autokredite, Übernahmekredite und Hypotheken in einem Portefeuille zusammen. Die Zahlungsströme dieses Portefeuilles (des „Underlying“) werden in einem → ABS- oder → CDO verbrieft, das heißt, die Käufer dieser Wertpapiere erwerben einen Anspruch auf diese Zahlungsströme. Die Bank, die solch ein Wertpapier auflegt, leitet die Zins-und Tilgungszahlungen aus den unterliegenden Krediten größtenteils, bis auf eine kleine Marge, an die Inhaber der Wertpapiere weiter.

Verbriefungen haben für die Banken den Vorteil, dass sie ihr → Eigenkapital entlasten und so die Vergabe neuer Kredite ermöglichen. Zudem muss die Bank etwaige Zahlungsausfälle nicht mehr selbst verkraften, das übernimmt der Käufer der Verbriefung. Außerdem können die Banken mit der Verbriefung Gebühren verdienen, zudem – sofern richtig eingesetzt – ihre Risiken besser streuen. In der Finanzkrise landeten die verlustreichen Subprime-Kredite aber doch wieder massiert bei Banken, die im großen Stil Verbriefungen gekauft hatten.

Holger Appel, geboren 1966. Banklehre, danach Devisenhändler und Studium der Betriebswirtschaft. Seit 1995 in der F.A.Z. tätig, seit 2002 Verantwortlicher Redakteur für Wirtschaftsberichterstattung.

Gerald Braunberger, geboren 1960. Banklehre und Studium der Volkswirtschaft in Frankfurt. Seit 1988 in der F.A.Z., davon fast 10 Jahre als Korrespondent in Paris und drei Jahre in der Wirtschaftsredaktion der Frankfurter Allgemeinen Sonntagszeitung. Seit Juli 2007 Verantwortlicher Redakteur für Finanzmarkt der F.A.Z. Mehrere Buchveröffentlichungen, zuletzt „Airbus gegen Boeing" (2006).

Fehr, Dr. Benedikt, geboren 1952. Studium der Volkswirtschaft in Freiburg. Anschließend Promotion. 1984 Eintritt in die Wirtschaftsredaktion der F.A.Z., für die er von 1989 bis 1999 als Korrespondent in New York berichtet hat. Zurück in der Zentrale schreibt er vor allem über die Europäische Zentralbank, die Deutsche Bundesbank, die Frankfurter Großbanken und die Finanzmärkte.

Stephan Finsterbusch, geboren 1966. Studium der Geschichte, Germanistik und des Journalismus. Er arbeitet seit 1995 für die F.A.Z., war Korrespondent der Wirtschaftsredaktion in Leipzig und Tokio und ist seit April 2008 in der Frankfurter Zentrale zuständig für die Berichterstattung über die Hochtechnologie.

Christian Hiller von Gaertringen. geboren 1964, Studium der Sciences Economiques an der Universität Lumière Lyon 2 (Fachrichtung Geld, Banken, Finanzen) und Volkswirtschaft an der Wirtschaftsuniversität Wien. Seit 2001 Redakteur der F.A.Z., zunächst in der Sonntagszeitung, seit 2003 in der Wirtschaftsredaktion der F.A.Z. und seit 2007 auch beim Nachrichtenportal FAZ.NET.

Judith Lembke, geboren 1978. Studium der Geschichte und Volkswirtschaftslehre in Heidelberg und Madrid. Seit 2006 Redakteurin in der Wirtschaftsredaktion der Frankfurter Allgemeinen Zeitung.

Daniel Mohr, geboren 1978. Studium der Volkswirtschaftslehre und Masterstudiengang Journalismus in Mainz. Seit 2006 bei der F.A.Z. mit dem Börsengeschehen und Zertifikaten befasst.

Hanno Mußler, geboren 1971. Diplom-Kaufmann und Master of Science in International Banking. Seit 1998 Mitglied der Wirtschaftsredaktion der F.A.Z. Schwerpunkte der Berichterstattung sind die Sparkassen mit den Landesbanken und die Volks- und Raiffeisenbanken mit der DZ Bank.

Kerstin Papon, geboren 1967. Banklehre und anschließend Wertpapierberatung. Studium der Volkswirtschaftslehre in Bamberg und Bonn. Seit Anfang 2000 als Redakteurin im Finanzmarkt der F.A.Z.

Winand von Petersdorff-Campen, geboren 1963. Studium der Betriebswirtschaftslehre in Göttingen. Seit 2007 stellvertretender Leiter der Wirtschaftsredaktion der Frankfurter Allgemeinen Sonntagszeitung.

Stefan Ruhkamp, geboren 1968. Studium der Geschichte, Germanistik und Pädagogik in Bochum sowie der Volkswirtschaft und des Wirtschaftsjournalismus in Köln. Nach zwei Jahren bei der Börsenzeitung im Oktober 2001 Eintritt in die Wirtschaftsredaktion der F.A.Z., in der er vor allem über Finanzthemen und die Versicherungsbranche schreibt.

Claus Tigges, geboren 1968. Studium der Volkswirtschaftslehre in Bonn und Harvard. 1996 trat er in die Wirtschaftsredaktion der F.A.Z ein und berichtete über die Finanzmärkte und die Geld- und Währungspolitik. Seit 2001 ist er Wirtschaftskorrespondent für die Vereinigten Staaten und Kanada mit Sitz in Washington.

Daniel Schäfer, geboren 1976. Studium der Kommunikationswissenschaft mit Schwerpunkt Volkswirtschaft und Politik in Stuttgart und Canterbury. Von September 2004 bis Juni 2008 Mitglied der Wirtschaftsredaktion der F.A.Z., wo er vor allem über Finanzthemen schrieb. Seit Juli 2008 Wirtschaftsredakteur bei der Financial Times.

Steffen Uttich, geboren 1970. Ausbildung zum Finanzkaufmann. Seit 2001 Mitglied der Wirtschaftsredaktion der F.A.Z., in der er sich vor allem mit Finanzthemen befasst.